I.

PRÉCIS HISTORIQUE
DE LA RÉVOLUTION
DE SAINT-DOMINGUE.

Les formalités prescrites ayant été remplies, je poursuivrai les contrefacteurs suivant toute la rigueur des lois.

Pillot

DE L'IMPRIMERIE DE PILLET AINÉ.

PRÉCIS HISTORIQUE
DE LA RÉVOLUTION
DE SAINT-DOMINGUE.

RÉFUTATION

DE CERTAINS OUVRAGES PUBLIÉS SUR LES CAUSES
DE CETTE RÉVOLUTION.

DE L'ÉTAT ACTUEL DE CETTE COLONIE,
ET DE LA NÉCESSITÉ D'EN RECOUVRER LA POSSESSION.

PAR L. J. CLAUSSON,
PROPRIÉTAIRE,
ET ANCIEN MAGISTRAT AU PORT-AU-PRINCE.

Point de colonies, point de commerce ;
point de commerce, point de marine.

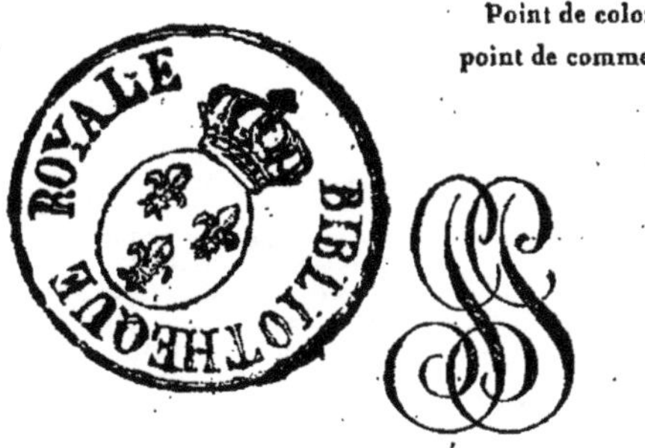

A PARIS,
CHEZ PILLET AINÉ, IMPRIMEUR-LIBRAIRE,
ÉDITEUR DE LA COLLECTION DES MŒURS FRANÇAISES,
RUE CHRISTINE, N° 5.
1819.

Cet ouvrage se trouve aussi à

Agen, chez Noubel.
Aix-la-Chapelle, Laruelle.
Angers, Fourrié-Mame.
Arras, Topino.
Bayonne, Bonzom.
Berlin, Schlesinger.
Besançon.. Deis, Girard.
Blois, Aucher-Eloi.
Bordeaux.. Mme Bergeret, Lawalle jeune, Melon, Coudert, Gassiot, Gayet.
Bourges, Gilles.
Breslau, Korn.
Brest..... Le Fournier-Desp. Egasse. Michel.
Bruxelles.. Lecharlier, Demat, Stapleaux, Lacrosse.
Caen, Mme Belin-Leharon.
Calais, Leleux.
Cambrai, Giard.
Chartres, Hervé.
Clermont-Ferrand, Thibaut.
Dijon..... Lagier, Noellat, Tussa.
Dunkerque, Bronner-Beauwens.
Florence, Piatti.
Francfort, Brœnner.
Gand..... Dujardin, Houdin.
Geneve.... Paschoud, Mangez-Cherbuliez.
Havre.... Duflo, Chapelle.
Lausanne, Fischer.
Leipsick, Grieshammer.
Liége..... Desoër, Collardin.
Lille, Vanackere.
Limoges, chez Bargéas.
Londres... Bossange, Dulau, H. Berthoud, Treuttel et Würtz.
Lorient.... Caris, Fauvel.
Lyon..... Bohaire, Faverio, Maire.
Manheim, Fontaine.
Mans, Pesche.
Marseille.. Chardon, Maswert, Moissy, Camoin, Chaix.
Metz..... Devilly, Thiel.
Mons, Leroux.
Montpellier, Sevalle.
Nancy, Vincenot.
Nantes, Busseuil.
Naples, Borel.
Niort, Elies-Orillat.
Nîmes, Melquiond.
Noyon, Amoudry.
Orléans, Huet-Perdoux.
Rennes.... Duchesne, Molliex.
Rouen.... Frère, Renault, Dumaine-Vallé.
Saint-Brieux, Lemonnier.
Saint-Malo, Rottier.
Saint-Pétersbourg C. Weyer, Saint-Florent.
Strasbourg, Levrault.
Stockholm, Cumelin.
Toulouse.. Vieusseux, Senac.
Turin.... Ch. Bocca, Pic.
Valenciennes, Lemaître.
Vienne, Shalbacher.
Warsovie, Klugsberg.
Ypres, Gambart-Dujardin.

AVANT-PROPOS.

L'ASSEMBLÉE constituante fut malheureusement saisie de la grande question de l'esclavage légal des nègres dans les colonies françaises ; déjà les hommes de couleur avaient réclamé leurs droits politiques. Un orateur célèbre fit observer que de pareilles questions étaient un problême qui allait mettre aux prises la morale avec la politique ; de leur côté, les colons blancs manifestèrent leur terreur trop fondée ; la lice fut ouverte : des sophistes adroits cherchèrent à entraîner les auditeurs par des mouvemens oratoires, ou à éblouir la multitude par des raisonnemens métaphysiques qu'elle admire d'autant plus qu'elle ne les comprend pas. Les combattans oublièrent la nation et ne virent plus dans la ruine du commerce et de la marine que le triomphe de leurs principes Cependant, malgré les grands efforts de l'éloquence, qui sont le propre des hommes passionnés, les principes solides de la sagesse et du bon sens triomphèrent un moment ; mais le système colonial ne fut pas moins compromis par un décret inexécutable, reconnu tel par les ennemis des colons, eux-mêmes. Les événemens se succédaient alors très-rapidement en France, l'assemblée législative rendit d'autres décrets, tous incohérens, et, pour couronner l'œuvre, la convention décréta la perte des colonies, et par conséquent la ruine du commerce français.

A cette époque, il était dangereux de réclamer contre ces mesures subversives de tout ordre social ; l'échafaud attendait les colons, enveloppés dans le système de terreur et de proscription qui régnait...... Plusieurs ont péri ! Ceux qui ont survécu languissent dans l'infortune ; la calomnie et l'injure les ont lâchement poursuivis et les poursuivent encore. En effet, il était réservé aux doctrinaires du dix-neuvième siècle de renchérir sur les démagogues de 1793, en insultant les colons avec une ironie atroce : Quoi ! les rédacteurs du *Courrier*, dans leur numéro du.... août 1819, osent leur reprocher *de n'avoir pas su garder leurs propriétés il y a vingt-cinq ans !* Ils ajoutent : *cela leur était probablement plus facile, et ils se seraient épargné de cruels malheurs.*

Il faut, sans doute, pardonner à ces savans un peu d'ignorance; mais il est permis de croire qu'elle tient à leurs doctrines; peuvent-ils donc oublier que les colons furent de tous tems accusés par les révolutionnaires d'avoir montré trop de courage et lutté trop long-tems contre *les mandataires de la nation?* Cet article virulent paraît avoir été dicté par un esprit d'inspiration : on y reconnaît tout le fiel répandu dans ces ouvrages récemment publiés sous divers titres par des hommes qui ne furent point étrangers à la révolution de Saint-Domingue. S'il est vrai que MM. les rédacteurs du *Courrier* sont les interprètes des sentimens du ministère actuel, c'est d'un funeste présage pour les colons; cependant ceux-ci ne se découragent point, ils espèrent que les intérêts du commerce seront enfin appréciés : Puissent aussi leurs justes réclamations n'être pas le *vox clamantis in deserto*.

Parmi les ouvrages que je viens de citer, il ne faut pas confondre ceux de M. le chevalier de Guillermin, officier supérieur au corps royal d'état-major, que la pureté des principes et la force du style distinguent éminemment, ni celui de M. Mazères, qui a paru en 1814, et qui est intitulé : *De l'utilité des colonies, des causes intérieures de la perte de Saint-Domingue, et des moyens d'en recouvrer la possession.*

L'auteur a fait une observation très-judicieuse en répondant à ceux qui, regar-

dant l'opinion des colons comme intéressée, se montrent toujours prêts à la recuser. « Eh! sans doute, dit-il, elle est
» intéressée leur opinion, et c'est pour
» cela qu'il faut l'entendre et la discuter,
» au lieu de la craindre et de la rejeter
» sans examen. Qui parlera donc perti-
» nemment des colonies, si ce n'est eux?
» Sont-ce des académiciens? sont-ce ces
» philosophes qui les ruinèrent par leurs
» abstractions? sont-ce ces prétendus
» amis des noirs coupables de tout le
» sang versé par suite de leurs déclama-
» tions et de leurs intrigues? sont-ce les mi-
» litaires et les administrateurs échappés à
» l'expédition désastreuse du général Le-
» clerc? Ceux-ci ne connaissent de la co-
» lonie de Saint-Domingue que ce que
» la guerre leur en a laissé voir à travers
» les ruines ensanglantées qui en cou-
» vrent la surface! »

Cette dernière observation peut s'appliquer aux Mémoires que vient de publier le général Pamphile de Lacroix. Je le distingue néanmoins de ces écrivains hypocrites, quoiqu'il y ait entre eux parité d'opinions sur le parti que le gouvernement doit prendre à l'égard de Saint-Domingue. Le général Lacroix ne s'est point aperçu qu'il s'identifiait avec des hommes qui ont puissamment coopéré à la destruction des colonies. A la vérité, il n'en connaît l'histoire que par tradition ; cependant, il aurait rendu son ouvrage complètement estimable, si dans les matériaux qu'il s'est procurés il n'avait pas élagué ceux qui se rattachent aux antécédens de la révolution de Saint-Domingue. Je connais la source où il a puisé, et je suis convaincu qu'il ne tenait qu'à lui de ne pas égarer l'opinion.

L'impartialité dont un historien doit faire profession lui aurait fait un devoir de ne pas attribuer les premiers troubles de cette colonie aux blancs propriétaires, qui étaient les plus intéressés à les prévenir; si M. le général Lacroix s'était donné la peine de remonter un peu plus haut que le point d'où il est parti, par rapport à ces événemens, il aurait débuté par des faits antérieurs à ceux qu'il a cités en les tronquant, et cette exactitude l'aurait dispensé d'accuser les grand planteurs et leur aristocratie, etc. Mais M. le général Lacroix, avec les meilleures intentions, s'est écarté de la vérité. Il n'est pas étonnant qu'il se soit trouvé d'accord avec les écrivains que j'ai signalés. J'ai donc entrepris la tâche de remplir ces lacunes, de relever les colons blancs de ces imprudentes accusations; j'ai placé la preuve à la suite de chaque fait, et j'ai distingué l'erreur du crime en faisant la part de chacun.

J'étais à Saint-Domingue six ans avant les premiers troubles qui ont éclaté dans cette colonie : je l'ai vue dans toute sa splendeur, j'ai suivi les événemens qui ont entraîné sa décadence et sa ruine, j'en ai tracé les causes, d'ailleurs indiquées dans des pièces authentiques et irrécusables. C'est par de tels moyens que j'ai réfuté les pamphlets de certains hommes qui se font remarquer par leur acharnement contre les colons, afin de légitimer leur conduite en faisant prévaloir de funestes doctrines.

J'étais aussi dans la dernière expédition du général Leclerc, j'ai été témoin de toutes les horreurs et de tous les crimes qui l'ont accompagnée. Mais je dois cet hommage à la vérité, c'est qu'on n'a pas eu, cette fois, l'impudeur de les rejeter sur ceux qui en ont été les victimes : on s'est contenté de pallier les faits afin d'épargner la honte à *ces prétendus philantropes* que la cupidité rendit cruels et qui tranchent aujourd'hui sur des intérêts qu'ils n'ont jamais connus.

En publiant un précis de la révolution de Saint-Domingue, je ne me suis point dissimulé la défaveur attachée à la qualité de colon propriétaire ; elle est la conséquence du système qui rappelle l'aurore de la révolution : cependant j'ai pensé qu'après vingt-huit années d'infortunes et de persécutions, cette *triste* qualité pouvait faire présumer quelque abnégation de préjugés.

Je me suis donc attaché à faire connaître la source et la cause de tous les événemens qui ont précédé la révolte des nègres. Afin d'éclairer les hommes d'état, dont on cherche sans cesse à tromper la religion, j'ai senti combien il était nécessaire d'entrer dans ces détails préliminaires de l'importante question du système colonial.

Cette question, d'ailleurs, vient d'être traitée par M. le chevalier de Guillermin dans un second ouvrage ayant pour titre : *Colonie de Saint-Domingue*, ou *appel à la sollicitude du Roi et de la France*.

L'auteur, s'étayant des grands principes politiques sur lesquels est fondée la restauration de commerce de la France et de sa marine, réfute victorieusement les assertions des ennemis du vrai système colonial. J'ai également traité la même question, mais je me suis plus particulièrement étendu sur tous les événemens de la révolution de cette colonie. Ainsi, j'aurai mis les lecteurs à même de juger les hommes qui ont figuré sur ce grand théâtre, et de se convaincre que les agitateurs se trouvent exclusivement parmi les révolutionnaires de ces époques désastreuses.

Il fallait aussi fixer l'opinion sur l'utilité de Saint-Domingue et sur le préjudice réel que la France éprouverait en renonçant à cette possession; j'ai comparé son ancien état de splendeur avec son état actuel de dépérissement, j'ai exposé le danger de toute espèce de négociations avec les chefs de la soi-disant république d'Haïti, le piége que cachent leurs propositions, la disproportion des offres qui seraient faites sans garanties pour les propriétaires, l'impossibilité d'établir pour eux de justes indemnités, enfin l'inévitable perte de nos autres colonies et la ruine entière de notre commerce, si Saint-Domingue était définitivement abandonné à des sujets révoltés.

J'ai prévu les obtacles mis en avant pour détourner des moyens qui peuvent concilier tous les intérêts. Cependant je n'ai point tracé de plan, je n'ai fait qu'indiquer celui que je crois exécutable, en dépit de tous ceux qui soutiennent le contraire.

Le gouvernement prendra sans doute un parti à l'égard de cette colonie; et comme il est urgent qu'il s'y détermine, je le compare à un médecin habile à qui il ne faut pas cacher les plus légères causes d'une maladie grave qu'il est appelé à traiter. C'est pour cela que j'ai caractérisé les premiers symptômes de cette maladie devenue contagieuse pour toutes les colonies. Maintenant, j'appelle les gens de l'art à leur secours et je les invite à commencer par administrer à Saint-Domingue l'antidote convenable au poison que des charlatans ont fait circuler dans toutes les veines de cette île précieuse.

PRÉCIS HISTORIQUE
DE LA RÉVOLUTION
DE SAINT-DOMINGUE.

CHAPITRE PREMIER.

De l'origine des colonies. Des premiers établissemens à Saint-Domingue. Mœurs et coutumes de l'Afrique. De la traite des nègres, et des causes du préjugé contre les hommes de couleur.

Le génie de Colomb devine un nouveau Monde; il le découvre, et ce moment, qui était un nouveau triomphe pour l'esprit humain, commence l'époque d'une mémorable calamité. Les Espagnols, vainqueurs sanguinaires, dépeuplent l'Amérique pour s'y assurer la possession de l'or. Le vertueux Las-Casas, témoin des scènes les plus désastreuses, plaide la cause de l'humanité, et, pour faire cesser le carnage des malheureux Indiens, il fait concevoir le projet de fertiliser l'Amérique par des mains africaines.

Vers le commencement du dix-septième siècle, des gens de mer de toutes les nations, unis par leur penchant pour les grandes entreprises, s'établirent dans l'île Saint-Domingue, l'une des premières découvertes de Colomb ; ils cultivèrent, firent le commerce, parcoururent les îles voisines et demeurèrent, pendant un certain nombre d'années, dans un état absolu d'indépendance. C'est ainsi qu'ont commencé les grands établissemens, et l'on ne saurait trouver, dans celui de Saint-Domingue, les fondemens ordinaires et serviles d'une colonie (1).

(1) Les colonies, ainsi que le mot même l'indique, sont des territoires consacrés à l'agriculture et habités principalement par des cultivateurs. Les nations anciennes ont eu des établissemens qui ont porté ce nom. Carthage fut, dans son origine, une colonie des Phéniciens (*a*) ; toute l'Ionie a passé pour avoir été une colonie grecque ; l'Œolie appartint aux Athéniens à ce titre (*b*) ; et Rome donna le nom de colonies à presque tous les établissemens qu'elle fonda d'abord en Italie, et ensuite dans la vaste étendue de son empire (*c*). Mais quoiqu'on ait pris des anciens la dénomination qui sert à distinguer les possessions européennes en Asie, en Afrique et en Amérique, il faut cependant bien se garder de croire que ces établissemens modernes appelés *colonies* aient eu la moindre ressemblance avec les colonies anciennes. Carthage, fondée par les Phéniciens, devint, presqu'à sa naissance, une puissance distincte

(*a*) Hérodote, Tite-Live.
(*b*) Hérodote, Thucydide, Strabon.
(*c*) Tite-Live, Suétone, Columelle.

Les rapports de ces braves flibustiers s'étendant de jour en jour, ils sentirent qu'il leur fallait un protecteur pour défendre leur enfance politique. Français, Anglais, Hollandais de naissance, chacun voulait se soumettre à son souverain naturel. Une prétention de cette importance, entre tels concurrens, ne pouvait se décider que par la voie des armes; chaque nation se mit en bataille; le carnage allait commencer..... La contenance des Français en imposa à leurs rivaux; ils restèrent maîtres de l'île, et se donnèrent à Louis XIV.

Cette donation s'exécuta sous la clause expresse d'une protection active, continuelle, et d'un affranchissement absolu de toute espèce d'impôts.

Le commerce exclusif avec cette nouvelle possession devint bientôt pour la France un accroissement de richesses auxquelles les circonstances ajoutèrent un nouveau prix.

de la mère-patrie. Les colonies grecques ont aussi formé des états tributaires ou indépendans, et incorporés comme alliés dans la confédération des républiques de la Grèce; et quant aux colonies romaines répandues dans les provinces de l'empire, elles n'étaient, à bien dire, que des portions intégrantes de l'immense fabrique à laquelle la ville de Rome servait de centre; leurs habitans payaient des tributs et participaient plus ou moins aux priviléges des citoyens romains.

Louis XIV, dont les succès et les revers augmentaient également les besoins, demanda des octrois à Saint-Domingue. Cette demande était une reconnaissance authentique des droits constitutionnels de cette contrée. Elle fut accordée dans une assemblée nationale, où les habitans s'imposèrent eux-mêmes. Depuis cette époque, ils renouvelèrent tous les cinq ans ce même *don*, que la générosité franco-américaine a, par la suite, beaucoup étendu.

La population augmenta peu-à-peu, sans jamais nuire à la métropole. La culture s'accrut, l'industrie doubla, la navigation fut encouragée, le commerce vivifié ; enfin, vers le milieu du dernier siècle, cette île précieuse rendit sensible l'avantage de ses relations avec la France. Il serait superflu de démontrer la nécessité des moyens qui furent employés pour entretenir et accroître cet état de prospérité. On sait par expérience que, sous la zône torride, les colonies n'ont pu s'établir et fructifier qu'à l'aide de bras africains. Las-Cazas, qui le premier en avait donné l'idée, eût peut-être regardé sa pensée comme un crime, si l'Afrique n'avait pas connu de tous les tems la servitude, si le despotisme le plus sanguinaire n'y disposait pas sans cesse d'un nombre infini d'individus arrivés à un tel degré d'erreurs et de dépravation, qu'ils comptent quelquefois pour un bienfait le choix qui les fait immoler aux mânes d'un tyran ou aux préjugés d'un culte imposteur.

Chaque nation européenne fit donc la traite des noirs; mais il convient de citer ici deux faits positifs : l'un, c'est que les Français furent les derniers qui reçurent des esclaves africains; l'autre, que les colonies françaises sont celles où leur sort était le plus doux, celles où la servitude n'était le plus souvent qu'un mot, et où des affranchissemens continuels et multipliés rendaient la liberté à des hommes qui regrettaient encore les soins d'un bon maître.

Dans tous les rapports, il faut essentiellement calculer le point d'où l'on part; on ne pouvait donc juger l'esclavage des Africains dans nos colonies, comme la servitude imprimée pour la première fois à des êtres qui ne l'auraient jamais connue, à des hommes qui, trouvant au fond de leur cœur le sentiment et l'habitude de l'indépendance, se livreraient à toutes les horreurs du désespoir plutôt que de plier sous le joug. On eut recours aux Africains esclaves dans leur pays; en les arrachant à une mort certaine, c'était légitimer ce trafic, dont on a beaucoup exagéré l'odieux (1).

Il faudrait connaître bien peu les relations publiées sur l'Afrique et les mœurs de cette partie du monde; il faudrait sur-tout n'avoir jamais entendu les Africains eux-mêmes faire la touchante peinture des malheurs auxquels ils sont en proie dans leur terre natale, n'avoir jamais été témoin de la répugnance invincible qu'ils ont à retourner dans leur patrie, pour ignorer que le sort d'un nègre transporté en Amérique était amélioré.

En effet, on conçoit facilement que des hommes grossiers qui se rendent les maîtres de la vie ou de la liberté de leurs frères, ne peuvent offrir qu'un tableau pénible aux regards de la philosophie. Dans les lieux où il n'existe pas de loi, où l'humanité est muette, les passions et la force disposent de la destinée des hommes.

Que penser des mœurs d'un peuple qui verse

(1) Des expériences faites à diverses époques à la Martinique et à Cayenne ont prouvé que, sous le climat brûlant des Antilles, les travaux de l'agriculture exigeaient les soins multipliés d'hommes accoutumés à ces climats. Or, la température des îles, qui est à peu près la même que celle de l'Afrique, n'altère point la santé des nègres qui y sont transportés.

le sang humain dans ses cérémonies religieuses, qui ôte la vie à ceux qu'il a vaincus, à moins qu'il ne lui soit plus avantageux d'en trafiquer, et chez lequel un homme préfère quelquefois de se vendre lui-même plutôt que de se dévouer à un travail spontané pour combattre la misère ?

Cependant, on a toujours prétendu que les Européens étaient les auteurs de tous les crimes de l'Afrique ; que la vente des nègres, qualifiée *marché de chair humaine*, n'y avait lieu que par d'infâmes manœuvres imputées aux armateurs et à leurs préposés.

Oui, sans doute, il existe, même de nos jours, des véritables marchés de chair humaine chez les Africains; mais, pour se convaincre que cette barbarie est absolument étrangère aux Européens, il suffit de consulter les voyageurs qui n'avaient aucun intérêt à déguiser la vérité.

« Les Anxicos, dit Drapper, dans son » *Voyage d'Afrique*, mangent leurs esclaves; » la chair humaine n'est pas moins commune, » dans leurs marchés, que la chair de bœuf » dans nos boucheries. Le père se repaît de la » chair de son fils, le fils de celle de son père, » les frères et sœurs se mangent, et la mère

» se nourrit sans horreur de l'enfant qui vient
» de naître (1). »

Il a donc fallu respecter bien peu les vraisemblances pour chercher à persuader que cette partie du monde n'a connu la soif du sang et l'esclavage que depuis le moment où les Européens y ont abordé, comme si l'on ne savait pas qu'en tout tems, et à présent encore, l'Afrique fournit des esclaves aux Maures, aux Persans, aux Turcs et à d'autres peuples.

Ainsi l'on ne croira jamais que les mœurs les plus cruelles soient le résultat de la communication de ces barbares avec les peuples civilisés, sur-tout avec des Français; et pour détruire jusqu'au moindre doute à cet égard, je citerai d'abord l'extrait de deux journaux de M. Gourg, administrateur pour le roi au comptoir de Juda, à la côte d'Or, dressés en 1788 et en 1789 (2); ensuite, l'extrait de la déposition du capitaine Guillaume Mackintosch, faite parde-

(1) Les nègres, dit le P. Labat, sans reconnaissance, sans affections pour leurs parens, sont aussi sans compassion pour les malades. C'est chez ces peuples, ajoute-t-il, qu'on voit des mères assez inhumaines pour abandonner dans les campagnes leurs enfans à des tigres.

(2) Les originaux ont été déposés dans les bureaux de la marine, où ils doivent encore exister.

vant la chambre des communes d'Angleterre, le 11 juin 1789 (1).

Extrait du journal de M. Gourg.

Du 14 février 1788.

« A sept heures du matin, Méhou et Yavo-
» gan (2) sont venus me voir de la part du roi.
» A neuf heures, Méhou nous a envoyé avertir
» de venir voir les cérémonies ; j'y ai été avec
» le directeur anglais. On nous a fait asseoir
» sous des parasols derriere les Cabechères ;
» nous avons vu défiler les femmes au nombre
» de cinq à six cents ; elles ont fait trois tours
» du hangard qui est vis-à-vis la porte de la
» case du roi, sous lequel étaient attachés, de-

(1) Quatorze dépositions juridiques, faites à la barre du parlement d'Angleterre par des hommes qui avaient résidé en Afrique, attestent que l'esclavage y a existé de tout tems, qu'on y fait souvent des sacrifices humains, et que cette vaste contrée n'offre que très-peu d'objets de commerce.

Il résulte des questions que M. Mosneron Delaunay a faites à des nègres de l'Afrique, que l'esclavage y est affreux, qu'on immole souvent des hommes dans les funérailles, dans les fêtes, et que dans quelques cantons on les mange. (Voir *le Mercure* du 25 juillet 1789 et le *Journal de Paris* du 24 janvier 1790.)

(2) Premiers officiers de la couronne, et qui, en cette qualité, tranchent la tête aux victimes indiquées par le roi.

» puis le 11 au soir, sept hommes et sept che-
» vaux destinés à être sacrifiés aux mânes du
» père du roi.

» Après que les femmes se sont retirées, j'ai
» été voir avec M. Abson ces sept nègres ; ils
» étaient liés chacun à un poteau par les pieds,
» les mains et le cou ; ils ne m'ont point paru
» inquiets : ils mangeaient des ignames et pa-
» raissaient même avoir de l'appétit, quoique
» sachant la fin qui les attendait.

» Du 15 février, à sept heures du soir, il est
» passé un tambour dont le son lugubre an-
» nonce la cérémonie qui doit avoir lieu ; il
» annonçait que tout le monde eût à se retirer
» à cause du sacrifice, non-seulement des sept
» hommes qui étaient amarrés avec les che-
» vaux, mais encore de beaucoup d'autres.

» Du 16 février, à sept heures du matin, le
» roi nous a envoyé chercher pour assister aux
» cérémonies des coutumes ; nous y sommes al-
» lés à huit heures et demie : nous avons trouvé
» à l'entrée de la porte du roi, de chaque côté,
» trois têtes de nègres fraîchement coupées,
» la figure en bas ; il y en avait autant à l'au-
» tre porte, c'est-à-dire douze têtes aux deux
» portes au-dessus desquelles on avait attaché
» une poule noire.

» Au marché, on a suspendu, d'un côté, un
» chien que l'on attache par les pattes de der-
» rière, et à qui on ouvre le ventre; plus loin,
» à une très-grande potence, on a suspendu
» par les pieds un nègre à qui on a coupé les
» parties, et que l'on a étranglé; il y en avait
» un autre ainsi mutilé et amarré de l'autre
» côté du marché.

» Lorsque le roi sort de sa case, c'est le mo-
» ment où se font ces horribles sacrifices; il
» met les pieds dans le sang des malheureux à
» qui on coupe la tête, ou, au marché, il passe
» dessous le corps de ceux qui sont suspendus
» aux potences, et reçoit sur son hamac et ses
» pagnes le sang qui découle.

» Le 19 février, à sept heures du soir, est en-
» core passé le tambour qui annonce le sacrifice
» du dernier jour des coutumes; il consistait en
» cinq hommes pour chaque porte du roi, et
» au marché, seize à qui on a coupé les têtes
» qu'on a étalées auprès d'un hangard sous le-
» quel il y en a beaucoup de sèches; les corps
» ont été emportés et jetés dans les herbes der-
» rière les cases, où ils servent de pâture aux
» panthères et aux oiseaux de proie, à l'excep-
» tion de ceux qui sont suspendus aux gibets
» et qui y restent jusqu'a ce que la putréfaction

» les fasse tomber. Celui qui en rapporte les » têtes au roi reçoit ordinairement 5 cabèches » ou 50 livres. Tous les nègres que l'on tue » ainsi sont ordinairement des malfaiteurs *ou* » *des captifs faits à la guerre; mais il faut si* » *peu de chose pour être criminel aux yeux* » *du roi, qu'on ne peut s'empêcher de plaindre* » *ces malheureux.*

» Le 8 janvier 1789, à huit heures du soir, » on a sacrifié huit hommes aux deux portes » du roi, savoir quatre à la porte par où l'on » sort pour aller au marché, et quatre à celle » par où les femmes rentrent. Le roi sort or- » dinairement lorsqu'on fait le sacrifice des » quatre premiers, met les pieds dans le sang » qui coule, va au marché, où il met égale- » ment les pieds dans le sang des seize qu'on y » sacrifie; il en fait autant pour les quatre » qu'on immole à sa rentrée. Cette cruelle cé- » rémonie est ce qui caractérise la coutume » appelée *Thiaïe.* Les nègres sont persuadés » que les hommes et les animaux qui sont ainsi » sacrifiés vont dans l'autre monde servir la » mère du roi.

» Le 9 janvier, à une heure après midi, la » cérémonie étant finie, le roi nous a fait dire » qu'il allait monter sur le théâtre, et qu'il fal-

» lait l'attendre. Au bout de trois quarts
» d'heure, il est sorti cinq palanquins que
» nous avons suivis, et qui ont été au marché,
» où nous avons trouvé un chien suspendu à
» une potence par les pattes de derrière, ayant
» le ventre ouvert, et seize têtes d'hommes
» fraîchement coupées, savoir huit à chaque
» bout du marché.

» En montant sur le théâtre, j'ai remarqué à
» gauche de l'escalier, dans une petite enceinte,
» deux nègres amarrés sur une espèce de ci-
» vière dont les nègresses se servent pour por-
» ter des pots sur la tête. On m'a dit que ces
» deux nègres étaient destinés à être jetés par-
» dessus le théâtre; j'ai eu la curiosité d'aller
» les examiner de près; ils me regardèrent
» très-tranquillement et ne paraissaient point
» inquiets; ils m'ont paru au contraire sourire.
» On leur a fait faire deux tours sur le théâtre,
» dans la première enceinte, où il y avait des
» hommes qui leur ont coupé la tête. »

Extrait de la déposition du capitaine Guillaume Mackintosch.

Du jeudi 11 juin 1789.

« *Demande.* Avez-vous eu quelquefois rai-
» son de soupçonner quel serait le sort des es-

» claves, s'il ne se trouvait point d'acquéreurs » européens ?

» *Réponse.* A l'époque où mon vaisseau était » le seul en 1778, tandis que la guerre avec » la France et l'Amérique empêchait les ar- » mateurs d'équiper des vaisseaux pour l'Afri- » que, j'avais envie de faire baisser le prix des » esclaves, qui, à cause des circonstances, me » paraissait trop élevé. Il survint un délai pen- » dant lequel je discutai avec les principaux » habitans sur l'inconséquence de tenir trop » haut le prix des esclaves, lorsqu'il était vrai- » semblable qu'il ne se présenterait pas d'ache- » teurs. Je demandai à ces habitans, et parti- » culièrement au plus considérable de la côte, » ce qu'ils feraient de leurs prisonniers de » guerre, s'il ne se trouvait point d'acqué- » reurs. Il hésita long-tems sans me donner » aucune réponse; j'insistai sur la question, » en lui observant qu'il devait les renvoyer » dans leurs cantons. Enfin, il me répondit : » *Quoi ? que je les laisse retourner pour qu'ils* » *reviennent encore pour me tuer !* En un » mot, il me fit clairement entendre que, » s'ils n'étaient pas vendus, ils seraient mis à » mort (1). »

(1) D'où il résulte évidemment que l'abolition de la traite

Ces détails font horreur, j'en conviens, mais j'ai cru devoir les rapporter pour détruire l'imputation de pareilles atrocités, faite à l'influence des Européens que des prétendus philantropes n'ont cessé de peindre comme des êtres sanguinaires et barbares allant porter le désespoir et la mort *chez des peuples doux et humains.*

Le nègre acheté sur les côtes d'Afrique était donc arraché à une mort certaine et transporté aux colonies. S'il n'éprouvait point de changement dans sa condition d'esclave, il trouvait du moins des compensations, ne fût-ce que par rapport à l'intérêt que son maître avait de le conserver.

La traite était le seul moyen de fertiliser la terre des colonies au-delà du tropique.

n'empêchera point les Africains de se faire la guerre; qu'à la vérité ils vendront moins d'esclaves, mais qu'ils en égorgeront davantage.

On lit, dans l'*Histoire philosophique* de Voltaire, le récit d'une conversation entre le roi de Dahomay et M. Atkinson, voyageur anglais. Celui-ci faisait des observations sur le sort des prisonniers qui tombaient entre ses mains. « Croyez-vous, dit le roi, que nous fassions la guerre pour le plaisir d'échanger nos prisonniers contre les marchandises que vous nous apportez d'Europe? Si ce commerce n'avait pas lieu, nous les égorgerions »; et en même tems il lui montra un temple bâti avec des crânes humains et dédié aux fétiches du pays.

Dans l'origine de leur établissement, et au moment où l'on commença à y introduire des Africains pour les cultiver, il n'y passait point ou presque point de femmes européennes; des hommes seuls, brûlant du désir de faire fortune, osaient franchir les mers et s'exposer à vivre dans des climats d'autant plus meurtriers qu'ils étaient privés de toutes les ressources qu'on s'y est procurées depuis.

Transportés sur cette terre étrangère encore inculte, affaiblis par la chaleur du climat, souvent malades et privés des secours qu'auraient pu leur porter des épouses de leur couleur, les Européens s'attachèrent à des femmes africaines qui leur rendirent des soins d'autant plus assidus que, de leur continuation seule, elles attendaient pour récompense la liberté.

Ces premiers blancs vécurent avec ces femmes comme dans un état de mariage; ils en eurent des enfans. Quelques-uns, touchés de leurs soins, et entraînés par l'amour paternel, épousèrent leurs esclaves; en les rendant libres par cet acte, ils légitimaient le fruit de leurs amours ou de leurs habitudes; le plus souvent, ils laissaient à leurs enfans les possessions qu'ils avaient cultivées. D'autres, moins sensibles que ces premiers, peut-être engagés déjà par des liens indissolubles, se contentaient d'affranchir les enfans ainsi que la femme qui les avait mis au monde, et donnaient à ces enfans des terres et des esclaves.

Le *mulâtre*, produit du blanc avec la négresse, forme le premier degré de la couleur.

Le produit du blanc avec une *mulâtresse* s'appelle *quarteron*, c'est le second degré; du blanc avec une *quarteronne* provient le *tierceron*, c'est le troisième degré; enfin, du blanc avec une *tierceronne* sort le *métis*, qui forme le quatrième degré, après lequel la couleur de l'épiderme est, à s'y méprendre, celle des blancs les plus blancs de la peau.

Mais les gens de couleur se marièrent entre eux, et produisirent des nuances plus ou moins cuivrées, selon le degré d'où ils provenaient; de là les *grifs*, les *marabous*, etc., etc.

Lorsque la colonie de Saint-Domingue, par l'accroissement de ses cultures, excita plus d'intérêt de la part du gouvernement, on y fit passer quelques Européennes pour favoriser la population blanche, mais leurs mariages n'eurent pas tout le fruit qu'on s'en était promis. Les blancs leurs préféraient des filles de couleur, et ceux qui ne prenaient pas ce parti se choisissaient des femmes parmi leurs esclaves, et vivaient en concubinage avec elles. Dès qu'elles avaient des enfans, elles devenaient libres ainsi que leur progéniture, et la facilité avec laquelle on obtenait alors des terres incultes mettait les blancs à même d'en donner à chacun de leurs enfans.

Jusque là, on n'avait point connu de préjugés contre cette classe d'hommes de couleur : l'égalité était parfaite entre eux et les blancs.

Ce n'est qu'à l'époque de la paix de 1749 que ces préjugés ont pris naissance : elle avait ramené dans la colonie de Saint-Domingue une foule de jeunes gens des deux sexes de couleur, que leurs parens avaient envoyés en France pour les y faire élever et instruire.

Un sentiment d'orgueil, fortifié par le genre d'éducation qu'ils avaient reçue, excita leur jalousie et leur haine contre les familles blanches que la paix attirait aussi dans les îles, et auxquelles les blancs donnaient alors la préférence. Les hommes de couleur, vains et altiers par nature, regardèrent ces preférences comme des humiliations. L'autorité dut quelquefois intervenir pour mitiger leurs prétentions exagérées (1); il en résulta diverses ordonnances

(1) Les événemens de la révolution de Saint-Domingue justifient cette assertion. En sollicitant l'égalité des droits, les

dont l'exécution, peut-être trop rigoureuse, les dépouilla successivement de tous droits politiques, et en forma une classe intermédiaire entre les esclaves et les blancs.

Ce préjugé s'enracina avec le tems et à mesure que la couleur blanche augmenta en population; il se lia par politique au système colonial d'après lequel on ne devait voir, dans les hommes de couleur, que des affranchis redevables de leur liberté à leurs pères, leurs bienfaiteurs.

Considérés comme les fruits honteux du libertinage de leurs maîtres, devaient-ils, en effet, participer à cette égalité de droits que les nègres esclaves pouvaient réclamer à plus juste titre? Cet usage n'existe pas même aujourd'hui dans les colonies anglaises. Il y a plus : aux Etats-Unis d'Amérique, où les droits de l'humanité ont été examinés avec la plus scrupuleuse rigueur, ces mêmes Américains qui venaient de conquérir si glorieusement leur in-

hommes de couleur travaillaient à obtenir la domination. Ils sont aujourd'hui les maîtres absolus d'une très-grande partie de la colonie, où le peu de blancs qu'ils admettent n'exerce aucun droit politique; et ce qui prouve combien leur amour-propre est désordonné, ils se qualifient d'*indigènes*, eux qui n'existeraient pas sans la cohabitation de l'Européen avec l'Africaine.

dépendance consacrèrent l'esclavage dans les parties méridionales de leurs Etats, et n'admirent point les hommes de couleur au rang de citoyen actif. Ceux-ci, satisfaits de leur liberté, et bornés à leur industrie, assurés de la protection commune de la loi, vivent toujours heureux dans leur sage obscurité, et enrichissent paisiblement leur patrie en s'enrichissant eux-mêmes.

Mais la révolution qui se préparait en France éveilla l'ambition de quelques hommes de couleur. Ils entraînèrent la caste entière, et il est vrai de dire que le préjugé fut une des principales causes des premiers troubles de Saint-Domingue. Cependant a-t-il pu devenir un motif de réprobation contre les Européens, qui n'avaient point connu d'autre régime colonial? Ah! sans doute, il est injuste de leur reprocher l'abaissement d'une caste qui voulait dominer dans des colonies fondées par des Français dont ils tenaient l'existence!

Les obstacles mis à l'union des femmes blanches avec les hommes de couleur avaient irrité ceux-ci à tel point qu'ils en ont toujours fait leur grief principal; mais il faut remarquer que ces obstacles tenaient moins au préjugé de l'orgueil qu'à une politique prévoyante qui cherchait à conserver la pureté du sang européen (1).

Toutefois, je suis loin de blâmer les hommes de couleur d'avoir revendiqué leurs droits politiques; mais je ne puis approuver les moyens qu'ils ont employés pour les obtenir. Ces moyens ont été ceux de la force et de la violence; ils ont, comme je l'ai dit, causé les premiers troubles de Saint-Domingue. J'aurai donc à démontrer, dans un autre chapitre, que la révolte des nègres et l'incendie des habitations ont été l'ouvrage des hommes de couleur,

(1) Pendant la session de 1818, un nègre, nommé Regis, a adressé à la chambre des députés une pétition tendante à obtenir le rapport d'une circulaire adressée en l'an 9 aux préfets pour les inviter à empêcher les mariages entre les blancs et les noirs. Cette pétition a été appuyée par M. Laisné de Villevesque, qui a cru voir dans cette circulaire un sujet d'opprobre pour les hommes de couleur et un motif d'éloignement à la réconciliation entre Saint-Domingue et la métropole. Je regrette que cet honnête et loyal député n'ait pas voulu se reporter au tems et aux circonstances qui ont donné lieu à cette mesure; il aurait sans doute réservé sa sensibilité pour une autre occasion, en considérant qu'elle fut prise à une époque où les nègres et mulâtres abondaient en France, sur-tout à Paris, et lorsque l'autorité s'aperçut que des unions multipliées avec des femmes blanches allaient produire trop de mélanges du sang africain. Au reste, il n'est pas de loi qui empêche un Français d'unir sa fille au teint de lys et de roses à un noir : il ne faut disputer ni des goûts, ni des couleurs.

instruments d'un parti se disant animé de l'amour de l'humanité.

CHAPITRE II.

Etat de splendeur de Saint-Domingue. Causes de scission entre les autorités supérieures et les propriétaires. Députation admise aux états-généraux, ensuite à l'assemblée nationale. Origine de la société des amis des noirs. Ses travaux. Son influence directe sur la révolution des colonies. Tableau du produit annuel de Saint-Domingue pendant les dernières années qui ont précédé ses désastres.

La guerre de l'indépendance de l'Amérique avait jeté un grand éclat sur la colonie de Saint-Domingue, où les flottes françaises et espagnoles venaient se réunir pour combiner des opérations ultérieures. A la vérité, les propriétaires souffraient des effets de cette guerre qui causait une baisse sensible dans le prix des denrées coloniales; mais le commerce, favorisé par l'affluence des étrangers, procurait des ressources immenses par la quantité de numéraire qui circulait dans toutes les villes.

A l'époque de la paix de 1783, les habitans recouvrèrent des débouchés plus avantageux pour leurs denrées; cette colonie avait déjà acquis un tel degré de prospérité qu'elle excita plus vivement l'attention jalouse d'une nation voisine et commerçante. C'est par les faits historiques du tems qu'il convient d'en convaincre les hommes les plus prévenus.

Milord Chesterfield, dans ses lettres à son fils, leur apprendra que l'Angleterre n'intervint dans la guerre appelée *de Sept-Ans*, qui, dans l'origine, n'avait rien moins pour objet que des rivalités commerciales, qu'afin de tomber sur les colonies françaises et pour détruire l'influence qu'elles nous donnaient déjà dans le nouveau système mercantile de l'Europe (1).

En suivant la marche des événemens, la pensée s'arrête sur le caractère de ces novateurs qui ne surent pas deviner le but secret d'une proposition tant de fois renouvelée au parle-

(1) Lord Chesterfield le dit plus positivement (lettres 228, vol. III, et 285, vol. IV) : « Les principes et les réglemens » faits en France sur le commerce, les manufactures et la na- » vigation, étaient, dans ce genre, ce qu'il y avait de plus ac- » compli en Europe ; ce qui n'est que trop prouvé pour nous, » ajoute milord, par l'accroissement prodigieux que les uns et » les autres ont pris en France, à notre grand préjudice, de- » puis environ trente ans ; car, sans parler de leur commerce » fort étendu dans les deux Indes, les Français nous ont en- » core enlevé celui du Levant, et maintenant ils approvi-

ment d'Angleterre pour l'abolition de la traite et de l'esclavage des noirs. Au surplus, on peut affirmer sans crainte que le gouvernement anglais n'a feint d'accueillir cette motion, et de la faire ajourner pendant vingt-cinq années consécutives d'un parlement à l'autre, que bien persuadé à l'avance des effets désastreux qu'elle produirait tôt ou tard parmi nous. Déjà même, ses hommes d'état savaient démêler et apercevoir la fermentation qui régnait en France dans les esprits et qui s'entretenait par la lutte toujours croissante entre les parlemens et l'autorité suprême.

Dans sa deux cent quarante-quatrième Lettre, volume IV, milord Chesterfield, en relevant une phrase des remontrances du parlement de Paris adressées au roi en 1752, ajoutait : « Ceci » a une tendance à ce que nous appelons ici » *des principes révolutionnaires.* »

Milord voyait de loin, et il voyait juste.

Vers le même tems, la secte philosophique

» sionnent tous les marchés d'Europe avec les sucres de leurs » colonies, à la ruine presque absolue des nôtres. On commence à croire ici que notre grande et secrète expédition a » pour objet la Martinique et Saint-Domingue; s'il en est ainsi, » et que nous réussissions, nous récupérerons et les Français » perdront à leur tour une des branches de commerce la plus » précieuse, *le sucre.*

enfanta celle dite *des économistes*, et contre l'évidence marquée par la splendeur des villes maritimes, cette dernière secte prétendit rendre en quelque sorte problématique pour la métropole l'avantage ou le désavantage des colonies.

Cependant l'état de Saint-Domingue était devenu prospère, lorsqu'en 1787 le conseil supérieur du Cap fut supprimé et réuni à celui du Port-au-Prince, sous le titre de *conseil supérieur de Saint-Domingue.* Cette réunion, dont l'effet éloignait la justice des justiciables, porta le désespoir dans l'ame des habitans de la province du Nord, la plus riche et la plus peuplée de la colonie. Elle fut la source des premières agitations, et elle excita un juste mécontentement contre les administrateurs qui l'avaient provoquée. On a donc lieu d'être surpris qu'aucun écrivain ne l'ait caractérisée ; quand on a la prétention d'être historien exact et impartial, on ne doit pas omettre les sujets qui paraissent le plus indifférens : c'est au lecteur à juger si tel fait cité a été de nature à produire la conséquence tirée.

La province du Nord resta néanmoins paisible jusqu'à l'époque de la formation des états-généraux; mais, aussitôt qu'elle en eut connaissance, elle regarda cet événement comme favorable à ses plaintes, et dès-lors elle prit la résolution d'envoyer des députés en France. Ce vœu fut bientôt répété par les provinces de l'Ouest et du Sud; elles s'adressèrent au gouverneur-général et à l'intendant, et leur demandèrent un réglement qui fixât le mode de leur convocation. Ces administrateurs, prévoyant sans doute les suites d'une démarche qui devait être funeste pour le système colonial, ajournèrent cette demande, déclarant qu'ils allaient en référer au ministre de la marine. Plus calmes que ces planteurs qui s'irritaient de quelques abus, ils ne considéraient point les colonies françaises comme portion intégrante du territoire de France ; la différence du climat et des productions leur faisait juger qu'elles ne pouvaient être soumises au même régime, sans le plus grand danger. Voilà quelle fut, je pense, leur opinion à cette époque; j'aime mieux la supposer telle que d'en imaginer une autre.

Mais ce refus ne satisfit point la province du Nord, elle eut recours aux grands propriétaires résidans en France, et les constituant ses commissaires spéciaux, elle leur donna les pouvoirs les plus étendus. Cet exemple fut imité par les deux autres provinces de la colonie ; elles nommèrent trente députés, dans le nombre desquels se trouvaient les neuf commissaires que la province du Nord avait déjà chargés de ses intérêts.

Vers le même tems, les propriétaires colons résidans à Paris avaient formé un comité tenant ses séances à l'hôtel Massiac. Ce comité s'opposa d'abord à l'admission de la députation aux états-généraux ; cependant l'intérêt commun l'emporta, le club Massiac se réunit aux députés pour demander un mode d'organisation d'une assemblée coloniale. On a beaucoup blâmé ces démarches, qui ne tendaient qu'à des innovations funestes pour la colonie ; mais il faut remarquer que les colons furent entraînés par la nécessité de prévenir les manœuvres des hommes de couleur qui les avaient devancés. Elles causaient d'autant plus d'inquiétudes qu'ils étaient protégés par une secte dont l'unique désir était d'attirer l'influence de la révolution jusqu'aux Antilles. Il a donc fallu ce concours de circonstances pour déterminer les propriétaires à demander que Saint-Domingue fût représenté aux états-généraux.

Ainsi, en blâmant les colons qui ont ouvert,

sans le vouloir, la carrière des révolutions, il faut convenir qu'ils étaient conséquens dans leurs démarches ; les griefs dont ils avaient à se plaindre, les bruits sinistres qui circulaient de toutes parts, étaient des motifs suffisans pour qu'ils employassent les moyens d'échapper à la subversion générale dont ils étaient menacés (1).

Cependant les trois provinces voulurent former une assemblée unique et propre à repré-

(1) L'abbé Grégoire, alors curé d'Emberménil, venait de répandre contre les habitans des colonies un écrit incendiaire où, entre autres principes de morale proclamés *charitablement* par lui, on lit, page 11 : « Ainsi, l'intérêt et la sûreté seront » pour les blancs la mesure des obligations morales ! Nègres et » gens de couleur, souvenez-vous-en ; si vos despotes per- » sistent à vous opprimer, ils vous ont tracé la route que vous » pourrez suivre. ».

Page 29 : « Convient-il que nos esclaves deviennent nos » égaux ? Je crains bien que cela ne soit le fin mot. Pauvre » vanité ! Je vous renvoie à la déclaration des droits de l'homme » et du citoyen ; tirez-vous-en, s'il se peut. »

Page 35 : « Puissé-je voir une insurrection générale dans » l'univers pour étouffer la tyrannie, ressusciter la liberté ! » etc., etc. »

Page 36 : « Il ne faut qu'un Othello, un Padrejan pour réveil- » ler dans l'ame des nègres les sentimens de leurs inaliénables » droits. »

Page 37 : « Parce qu'il vous faut du sucre, du café, du tafia, » indignes mortels ! mangez plutôt de l'herbe, et soyez justes ! »

Je ne fais que citer les passages de cet écrit qui appelait les nègres à la révolte, et qui vouait les blancs à la mort. Voilà

senter toute la colonie. Un plan de convocation, envoyé de France par le ministre de la marine, ne fut pas adopté. Les trois comités qui s'étaient établis dans chacune de ces provinces en concertèrent un autre, suivant lequel

quels étaient les principes religieux et pacifiques de ce prêtre que l'intérêt plutôt que l'humanité a constamment dirigé.

On a lieu de s'étonner que, sous la monarchie légitime, il soit encore question de M. l'abbé Grégoire, à qui la retraite et la plus profonde obscurité conviendraient mieux que l'éclat et la célébrité dont les libéraux de 1819 cherchent à l'environner.

Si, pour déterminer leur choix en sa faveur, ils ont besoin de quelques traits caractéristiques, ils peuvent les puiser dans la *Petite Biographie conventionnelle* réimprimée en 1815, et dont Eymery, libraire, rue Mazarine, fut l'éditeur. Voici l'article :

« Grégoire fut d'abord précepteur des enfans du seigneur d'Emberménil, qui le nomma ensuite curé de ce village. Député du clergé de Nancy aux états-généraux, il fut un des premiers de son ordre qui passèrent à la chambre du tiers-état. Le 8 juillet 1789, il s'opposa à l'approche des troupes que le roi faisait avancer vers Paris, et dit : *Que si les Français consentaient à devenir esclaves, ils seraient la lie des nations.* Le 5 octobre, il dénonça la prétendue orgie des gardes-du-corps, qui furent massacrés la nuit suivante, en partie par suite de ses déclamations meurtrières. Le patriotisme de Grégoire perdit quelques degrés de sa chaleur quand on proposa de dépouiller le clergé de ses biens; il soutint alors qu'ils devaient retourner aux donateurs et non appartenir à la nation. Il fut le premier ecclésiastique qui prêta le serment constitutionnel, et, en récompense, on le nomma évêque de Blois. Lors de la fuite de Louis XVI, Grégoire s'éleva avec la plus grande force contre ce monarque, et demanda qu'il fût jugé par une convention. Député de Loir-

l'assemblée coloniale de Saint-Domingue fut formée par la députation des paroisses, et fut composée de deux cent douze membres.

Avant de parler de sa réunion et de ses actes, je ne dois pas omettre un fait qui, très-important par sa nature, n'aurait cependant pas eu, dans des circonstances ordinaires, l'in-

et-Cher à cette convention qu'il avait appelée de tous ses vœux, il demanda et fit prononcer, séance tenante, l'abolition de la royauté, en affirmant que *les rois sont, dans l'ordre moral, ce que les monstres sont dans l'ordre physique, et que leur histoire est celle du martyrologe des nations.* Le 15 novembre, il prononça une des plus violentes diatribes qui ait parue contre le plus respectable des monarques et contre la royauté. Ce discours, qui n'est qu'une longue provocation à la mort du roi, fut imprimé par ordre de la convention. Etant en mission pour organiser le département du Montblanc, pendant le jugement de Louis XVI, et désolé de ne pouvoir voter verbalement sa mort, il écrivit à l'assemblée que, *convaincu des trahisons non interrompues de ce roi parjure, il demandait qu'il fût condamné à mort par la convention, sans appel au peuple.* Cette lettre fut écrite en commun par les députés Grégoire, Hérault de Séchelles, Simond et Jagot, tous en mission dans le département du Montblanc. En août 1793, il invita Barrère à rétracter l'éloge qu'il avait fait de Louis XII, et s'engagea à prouver que ce prétendu père du peuple en avait été le fléau. Après la révolution de Saint-Cloud, Grégoire fit partie du corps-législatif, et à force de sollicitations il parvint à obtenir de Buonaparte son entrée au sénat. »

Quels souvenirs un pareil homme ne laisse-t-il pas? Il faut bien aimer les révolutions pour songer à lui!

fluence que ses résultats ont exercée sur des esprits déjà fortement aigris.

On venait de recevoir à Saint-Domingue des nouvelles affligeantes ; la rigueur de l'hiver de 1788 à 1789 avait détruit tout espoir de récolte en France. Dès-lors la colonie, soumise au monopole, se trouvait menacée d'une disette que M. le marquis Duchilleau, gouverneur-général, voulut prévenir (1). Le moyen consistait à permettre pour un tems l'introduction des farines étrangères, dans quelques ports de la colonie seulement ; mais cette mesure trouva de l'opposition de la part de M. de Marbois, intendant-général des îles Sous-le-Vent.

M. Duchilleau voyait les besoins pressans de la colonie ; M. de Marbois voulait concilier le désir des habitans avec l'intérêt du commerce français. Le gouverneur traitait les colons en père, l'intendant les irritait par sa rigueur.

Après une longue discussion, dans une séance du conseil supérieur, en date du 11 mai 1789, la proposition de M. Duchilleau fut enregistrée malgré l'opposition de M. de Marbois, et la

(1) Un arrêt du parlement de Bordeaux avait arrêté la sortie des blés, même pour les colonies. Le commerce exclusif des farines françaises dans les colonies était donc un monopole barbare, sur-tout quand on n'admettait aucune exception.

mesure proposée reçut son exécution (1). Dès cet instant, la division s'établit entre les négocians français et les habitans de la colonie, entre le gouverneur et l'intendant. C'est encore à ces causes qu'il faut attribuer les premiers troubles qui éclatèrent peu de tems après.

M. le marquis Duchilleau fut bientôt remplacé ; son gouvernement passa à M. le comte de Peynier, qui arriva précisément à l'époque de la fermentation occasionnée par la suppression du conseil supérieur du Cap. M. Duchilleau emporta les regrets de toute la colonie ; M. de Marbois la quitta bientôt après, sur la nouvelle qu'il reçut de l'arrivée d'un corps venant du Cap avec des intentions hostiles contre lui et contre M. le procureur-général près le conseil supérieur (2).

(1) L'ordonnance rendue par M. Duchilleau, le 27 mai 1789, était en harmonie avec un arrêt du conseil du mois d'août 1784, qui n'ouvrait aux étrangers que trois ports d'entrepôt, en prohibant l'exportation des denrées coloniales autres que les tafias et sirops. Cette ordonnance fut néanmoins cassée sur un rapport fait par le ministre de la marine, au conseil-d'état du roi, le 23 juillet de la même année, à l'époque où la colonie ne possédait pas pour vingt jours de subsistances. Il résulte de-là que l'administration coloniale était vicieuse, puisque la dissidence d'opinions entre les deux administrateurs-généraux mettait en péril et la colonie et les colons.

(2) On avait répandu au Port-au-Prince le bruit de l'arrivée de 1800 hommes ; une grande partie de la population de la

Les députés que la province du Nord avait nommés à l'assemblée nationale étaient expressément chargés de demander le rétablissement de l'ancien conseil supérieur du Cap ; ils sollicitaient sans relâche auprès du ministre de la marine l'exécution du vœu réitéré de leurs commettans, lorsqu'ils apprirent que l'assemblée provinciale, sous prétexte des irrégularités qui avaient entouré la suppression de ce conseil, avait pris le parti de le rappeler ; qu'elle avait enjoint aux magistrats présens de reprendre leurs fonctions, et qu'elle avait remplacé les absens provisoirement, sauf l'approbation de l'assemblée nationale.

Il est difficile de qualifier cet acte dont les effets ne tendaient à rien moins qu'à jeter la confusion et le désordre dans toutes les parties de la colonie. Le désespoir l'avait dicté, la justice en demandait la répression, mais la raison exigeait qu'il fût reconnu. Aussi, les députés

ville bivouaqua pendant une nuit auprès du fort qui domine la route du Cap. Le lendemain matin cette armée parut ; elle était composée de 18 hommes seulement, tous colons propriétaires et appartenant à la classe la plus distinguée. Leur mission n'avait d'autre objet que de solliciter le rétablissement provisoire de l'ancien conseil du Cap ; mais M. de Marbois et M. de la Mardelle, à qui on avait inspiré des craintes, s'étaient embarqués la veille.

n'entreprirent-ils point de faire l'apologie du rétablissement de l'ancien conseil du Cap ; ils se bornèrent à démontrer les inconvéniens qu'il y aurait à ne pas le reconnaître, et présentèrent les moyens d'accorder à-la-fois la bonne volonté de la nation, la dignité du monarque et le vœu clairement manifesté par l'assemblée provinciale du Nord.

Cet acte fut par la suite approuvé.

Toutes ces agitations servaient à point les projets d'une société qui s'était formée dans le sein de la France, et qui préparait de loin le déchirement et les convulsions auxquels Saint-Domingue ne tarda pas à être livrée (1).

Cette société était fille de celle de Londres,

(1) Des réclamations portées vers cette époque aux pieds du trône furent entendues de S. M., qui s'exprima en ces termes : « Une inquiétude générale, un désir exagéré d'innovations » se sont emparés des esprits et finiraient par égarer totale- » ment les opinions, si l'on ne se hâtait de les fixer par une » réunion d'avis sages et modérés. »

Ces paroles royales et pleines de sagesse n'ont point arrêté les novateurs ; ils n'ont été que plus ardens à poursuivre leurs projets de destruction, et le monarque qui voulait conserver a péri victime du plus affreux parricide !

L'auguste successeur de l'infortuné Louis XVI a sans doute éprouvé le même sentiment, puisque, à l'ouverture de la session de 1818, il a demandé le concours des chambres « pour » repousser ces principes qui, sous le masque de la liberté,

connue sous le titre de *Société des amis des Noirs.* Les plans de toute la secte avaient été imaginés dans le nord de la Nouvelle-Angleterre par les quakers, alors connus pour les plus habiles politiques de ces provinces. Ils cherchaient à propager leur doctrine. L'Angleterre leur parut la partie de l'Europe la plus propre à former leur premier établissement, et la nation, comptant sur l'amour religieux que tout Anglais porte à son pays et à son gouvernement , ne l'envisagea que dans cet esprit d'indifférence qu'elle accorde à toutes les opinions religieuses et politiques. Observateur constant de l'état du crédit en France, de toutes les variations du caractère français et de cet esprit d'imitation auquel il est porté, le ministère anglais ne vit dans la secte des amis des noirs qu'un moyen politique d'arriver aux plus grandes révolutions qu'eût encore éprouvées la monarchie française. Il calcula le caractère inquiet de cette foule d'embrions de cour, que

» attaquent l'ordre social, mènent par l'anarchie au pouvoir
» absolu, et dont le funeste succès a coûté au monde tant de
» sang et de larmes. »

Il est donc constant que les principes n'avaient point changé il y a six mois, et depuis cette époque il est douloureux de penser que la source des larmes n'est point tarie, que bientôt, peut-être, elles couleront en abondance.

l'amour de la nouveauté plus que le désir de s'instruire faisait voyager en Angleterre depuis quelques années, et il jugea que les plus grands ennemis de la France pouvaient être des Français mêmes.

La société de Londres répandit mille écrits divers en faveur de sa doctrine. Ces écrits, les livres composés sur cette matière furent envoyés en France et traduits par les plus habiles gens de lettres, par quelques philosophes répandus dans les cercles les plus brillans. Lorsque les esprits des Français furent préparés par la lecture de ce qui avait été écrit en ce genre, le ministère anglais s'occupa de chercher, et il trouva des hommes ingénieux, des intrigans dévorés d'ambition, que le besoin de les satisfaire rend capables de tout entreprendre, au risque même de périr en place publique (1).

Telle fut l'origine de la société des amis des

(1) Brissot de Varville était passé en Amérique au commencement de 1788; il avait eu des liaisons intimes avec les quakers de Pensylvanie. Il revint en France en 1789, après avoir séjourné quelque tems à Londres, d'où il apporta les développemens de cette doctrine soi-disant philantropique, professée par quelques membres du parti de l'opposition. Ceux-ci avaient profité de l'exaltation des idées de Brissot, qui, à son retour, les présenta à la société de Paris. Elle comptait alors,

noirs de Paris, dont l'établissement date de février 1788, et qui entretint correspondance de fraternité avec celle de Londres.

Obscure et modeste dans le principe, elle ne montra que le désir de l'adoucissement du sort des esclaves, sans vérifier les moyens par lesquels on avait déjà perfectionné cet adoucissement, et au lieu de travailler à conserver la sécurité des maîtres, elle sema bientôt l'esprit d'insubordination parmi les nègres, et l'inquiétude parmi les colons.

Accusée par eux et par la saine partie des Français ennemis de toute révolution, cette société sentit qu'elle pouvait être accablée ; en conséquence elle changea de batterie ; elle publia qu'en invoquant les droits de l'homme, elle ne demandait point pour cela la liberté des noirs, quoique la calomnie lui en ait prêté le dessein ; elle déclara que « jamais une pareille » idée n'était entrée dans l'esprit de ses mem-

parmi ses membres les plus influens, les Mirabeau, les Condorcet, auteur d'un écrit publié dès 1775, sous le nom du docteur Schwartz, et dont la métaphysique n'était pas inintelligible pour les propriétaires des colonies; l'abbé Grégoire et le parti des girondins, enfin M. le marquis de Lafayette, qui donna l'ordre de *vendre* ses esclaves à Cayenne dès qu'il pressentit le résultat des travaux de la société dont il était membre. Quelle singulière philantropie!.....

» bres ; elle reconnut que l'affranchissement » immédiat serait une opération fatale pour les » colonies et un présent funeste pour les noirs » dans l'état d'abjection et de nullité où ils » sont ; que ce serait abandonner à eux mêmes » et sans secours des enfans au berceau, ou des » êtres mutilés et impuissans. »

L'hypocrisie était le caractère distinctif de cette société ; ses travaux antérieurs avaient décélé ses intentions perfides, et lorsqu'elle se défendait de vouloir la liberté des nègres, c'est parce qu'elle avait été contrariée par les nouvelles des premiers troubles qui avaient eu lieu à Saint-Domingue. Aussi aima-t-elle mieux plier que de rompre, et c'est pour cela que, profitant d'une circonstance qui servait également ses projets, elle se borna à demander l'abolition de la traite, et à défendre les droits politiques des hommes de couleur.

Lorsque le ministère anglais s'aperçut que la société de Paris avait acquis quelque consistance, et qu'elle faisait des progrès corrupteurs, il s'occupa de faire cesser les murmures de la nation anglaise, l'inquiétude des négocians et des propriétaires de ses colonies. Dé ce moment, les amis des noirs, de Londres, furent moins accueillis, les raisons des commerçans mieux entendues ; et tout-à-coup cette cause, portée au parlement, fut ajournée de session en session, pour n'être reprise et traitée que d'après les calculs de la politique et des intérêts de l'Angleterre. Ces changemens auraient dû éclairer la société de Paris, mais ils n'eurent aucune influence sur elle, et la preuve qu'elle avait une arrière-pensée est clairement établie dans une adresse qu'elle fit à l'assemblée nationale le 5 février 1790 (1). On y remarque ces mots : « La société si lâchement, » si injustement calomniée ne tient sa mis- » sion que de l'humanité qui l'a portée à dé- » fendre les noirs, même sous le despotisme » passé, etc. »

Ainsi, elle avouait que la liberté des nègres esclaves dans les colonies était depuis longtems le sujet de ses méditations et qu'elle travaillait à leur affranchissement, sans autre considération que celle des droits de l'homme ; et lorsqu'elle embrassait la cause des gens de couleur, en étalant de beaux systèmes d'où elle semblait exclure toutes les conséquences relatives à la liberté des noirs, elle n'aspirait qu'à la proclamer dans le Nouveau-Monde ; enfin

(1) Brissot de Varville était alors président de la société.

c'est l'affranchissement des esclaves qui lui inspira l'intérêt si véhément qu'elle prit au sort des mulâtres.

Est-il donc étonnant que ses premiers essais, dont la publicité se répandait dans toutes les colonies, aient jeté l'alarme à Saint-Domingue, où le mécontentement croissait de jour en jour? Doit-on encore trouver étrange que ses habitans aient cherché à se garantir des malheurs qui les menaçaient de toutes parts? Cependant, des hommes de mauvaise foi ne cessent d'attribuer aux blancs de Saint-Domingue les troubles qui ont éclaté dans cette colonie. A les entendre: « Ce sont les grands planteurs qui les ont excités, c'est dans l'espoir de s'emparer du gouvernement que l'aristocratie fonda à Saint-Domingue un comité secret qui, sous le spécieux prétexte de s'emparer des intérêts politiques et administratifs de la colonie, chercha sans relâche à décréditer les fonctionnaires publics, à secouer le joug de la métropole, à usurper le pouvoir, afin de satisfaire à-la-fois son orgueil et sa cupidité (1). »

Ces déclamateurs affirment ensuite d'un ton d'autorité que le soulèvement des esclaves fut

(1) Voyez le *Journal du Commerce* des 12 et 13 avril 1819.

l'effet de la lutte entre les hommes puissans et les hommes libres.

J'ai toujours pensé qu'il ne pouvait tomber sous le sens qu'un propriétaire mît le feu à sa maison pour ne pas faire fléchir son orgueil blessé ; il faut être arrivé au tems où nous sommes pour apprendre tout le contraire. Voilà ce qu'on peut appeler du *pathos* philosophique. Au reste, il est vrai qu'une semblable opinion n'appartient qu'aux légataires universels des faiseurs de la révolution ; et lorsqu'ils cherchent à nous persuader que ce sont les nobles qui, après leur émigration, ont mis le feu à leurs châteaux et assassiné les patriotes français, il est conséquent de leur part de dire que ce sont les propriétaires de Saint-Domingue qui ont incendié leurs habitations et égorgé leurs nègres.

J'éprouve le besoin de donner à ces exclusifs une dernière preuve de l'atrocité des reproches qu'ils ne cessent d'adresser aux colons. Que dis-je ? ce n'est pas moi qui me charge de l'explication, je fais intervenir ici un des membres de la secte, le député Garran de Coulon, qui, parlant de la cause des troubles de Saint-Domingue, cherche à repousser l'accusation faite à la société des amis des noirs d'avoir produit l'insurrection par ses écrits philosophiques (1). Je ne sais, dit-il, pourquoi on voudrait le dissimuler : *ce sont les mouvemens divers produits par la révolution française et les efforts insensés qu'on a faits pour en arrêter les progrès, qui ont causé l'insurrection des nègres dans nos îles. C'est l'air contagieux de cette révolution, son exemple désespérant qui ont fait jaillir les premières étincelles de la révolte à Saint-Domingue, et qui en ont dispersé les flammes de toutes parts.*

Cet aveu d'un homme qui fait autorité parmi les détracteurs des colons ne sera sans doute point récusé par eux ; mais comme ils pourraient l'interpréter suivant leurs passions, je crois devoir me charger du commentaire. Je dirai donc que la Société des amis des noirs, liant son système exagéré et irréfléchi au plan de la révolution, profita de l'élan universel des Français pour les intéresser à son projet de détruire la servitude des nègres. Dans son enthousiasme aveugle, elle oublia que ces hommes grossiers étaient incapables de distinguer la liberté d'avec la licence, et qu'une loi imprudente détruisant leurs préjugés devait être pour eux et pour les colons un arrêt de mort ; que

(1) *Opinion de Garran de Coulon, député de Paris, sur les causes et les remèdes des désastres des colonies*, lue à l'assemblée nationale le 29 février 1792.

si elle eût été sincèrement animée de cette philantropie raisonnée qui calcule à-la-fois et les causes et les effets, elle aurait reconnu que l'affranchissement devait au moins être préparé lentement et par degrés, en y faisant intervenir des institutions utiles pour tous, après les avoir soigneusement méditées.

Tel était le sentiment de l'abbé Raynal, ce premier apôtre de la liberté des nègres; son témoignage ne peut pas être suspect (1).

En employant de tels moyens on eût évité les plus grands désastres; mais loin de là, cette société ne mit plus de bornes à son entreprise. Après avoir cherché à animer les colons et les commerçans de France les uns contre les autres, en présentant à ceux-ci des principes incompatibles avec les intérêts de la métropole, lorsque malgré ses conseils insidieux elle ne put les faire adopter, elle accusa les colons de les avoir imaginés. Alors elle s'empara de la déclaration des droits de l'homme, elle l'envoya avec pro-

(1) Il ne faudrait pas, dit l'abbé Raynal, faire tomber les fers des nègres qui sont nés dans la servitude ou qui y ont vieilli. Ces hommes stupides, qui n'auraient pas été préparés à un changement d'état, seraient incapables de se conduire eux-mêmes; leur vie ne serait qu'une indolence habituelle ou un tissu de crimes. (*Histoire philosophique des Deux-Indes.*)

fusion dans les colonies, et soudoya des agens qui la firent retentir au milieu des ateliers. Les avantages que Saint-Domingue procurait à la France valaient cependant bien la peine d'être mis dans la balance par ces hommes qui allaient chercher au loin des objets de compassion, quand une foule de malheureux leur criait: « Laissez-là les Tartares et songez à vos voisins. » N'était-il pas digne, en effet, qu'à l'intérêt de conserver les colonies d'où plusieurs milliers de Français tiraient leur existence, ces métaphysiciens sacrifiassent quelques opinions philosophiques qui dérangent plutôt qu'elles ne corrigent la marche de la nature ?

Cependant, on vivait encore à cette époque à Saint-Domingue dans un état de sécurité apparente. Cette colonie rendait à la France le tribut entier de ses cultures, qui enrichissaient la métropole, la rendaient puissante en elle-même et supérieure dans son commerce avec l'étranger. Mais cet état de choses devait bientôt subir l'effroyable destruction préparée par une secte avide de désordres et de calamités (1).

Comme il est utile de faire ressortir l'im-

(1) Un membre de l'assemblée constituante avait répandu une circulaire portant que bientôt le soleil n'éclairerait plus en Amérique que des hommes libres.

mensité du dommage causé par d'imprudens novateurs, c'est ici le lieu de marquer le degré de splendeur auquel Saint-Domingue était parvenu au moment où les premiers troubles ont éclaté.

En parlant de l'importance des colonies françaises dans l'Archipel américain, M. Arnoud (1) s'attache principalement à Saint-Domingue. Dans les trois années qui ont précédé la révolution, il fait remarquer que cette colonie a envoyé dans les ports de la métropole, savoir :

Café, 734 mille quintaux; sucres de toutes

(1) M. Arnoud était chargé en 1789 de la sous-direction du bureau de la balance du commerce. Il a publié en 1791, sous le titre de *Balance du commerce et des relations commerciales extérieures de la France dans toutes les parties du globe*, un ouvrage rempli des plus pénibles et des plus intéressantes recherches puisées dans les douanes. M. Arnoud avait été nommé conseiller maître à la cour des comptes depuis sa création. Il est mort il y a peu d'années, dans l'exercice de ses fonctions.

Vers la même époque, un savant italien a aussi publié, sur le commerce extérieur de toutes les puissances de l'Europe, un ouvrage justement estimé. Le tableau qu'il a joint à cet ouvrage présente une somme de 3,150,000,000 liv. tournois, à laquelle s'élève le commerce total des puissances de l'Europe. La France y est portée pour 710 millions, ce qui lui donnait un avantage de 80 millions sur le commerce de l'Angleterre, qui n'est comprise dans ce tableau que pour 630 millions.

On peut aussi consulter le dernier compte rendu par M. Barbé de Marbois. Cet administrateur intègre a fait connaître l'état de Saint-Domingue, ses produits et ses avantages.

sortes, 1750 mille quintaux; coton, 90 mille quintaux; indigo, 41 mille quintaux, indépendamment des cuirs, sirops et tafias qui ont été exportés.

« On peut juger, dit cet auteur, que ces » productions seront encore long-tems pour la » France une mine inépuisable de richesses, » comme le mouvement dans les ports mari- » times demeurera une école perpétuelle pour » les matelots français formant les équipages » de six cents navires du commerce journelle- » ment employés.

On peut voir par les relevés des douanes ce que pouvait être la belle colonie de Saint-Domingue avant qu'elle eût été livrée à toutes les horreurs de la désorganisation du système sous lequel elle avait prospéré :

L'importation, en 1790, des farines, des vins et de toutes les marchandises provenant des manufactures françaises, a produit une somme de.	150,575,970 liv.
A quoi il faut ajouter 99 vaisseaux négriers venus à Saint-Domingue pendant la même année, et qui ont produit une vente de. . .	88,841,684
Total de l'importation par 514 bâtimens du commerce français, ci	239,417,654 liv.
Le produit de l'exportation des denrées du cru de cette colonie, en 1790, et pour le compte de négocians de France, s'est élevé à.	399,627,078 liv.

D'où il résulte que, non compris les bénéfices de retour, le commerce français avait déjà en sa faveur une balance de. . . . . . 160,209,424 liv.

Dans la même année, les étrangers ont importé à Saint-Domingue, tant en nègres qu'en marchandises et approvisionnemens, pour la somme de. . . . . 34,688,600 liv.

La colonie leur a fourni en objets d'exportation permise par les différens arrêts du conseil de Versailles, pour	27,316,600 liv.	45,716,600 liv.
Et il est également constaté, par des relevés exacts faits sur les livres des douanes étrangères, que cette même année 1790 l'exportation des marchandises non permises, comme sucre, café, coton et indigo, par les étrangers, s'est montée à	18,400,000	

Ainsi, la balance au profit de la colonie a été de. . . . . 11,028,000 liv.

RÉCAPITULATION.

Année 1790.

	livres.		livres.
L'importation nationale a été de	239,417,654	L'exportation nationale a été de	399,627,078
L'importation étrangère de . .	34,688,600	Celle étrangère de. . . .	45,716,600
Total. . . .	274,106,254	Exportation d'autres denrées et droits fraudés, ci.	16,000,000
		Total. . . .	461,343,678

De quelle importance n'était-elle pas pour la puissance qui la possédait, une colonie qui, à elle seule, procurait un commerce d'importation, d'exportation, bénéfice de fret et divers autres, montant à. . . . . . 735,449,932 fr.

Et qui, par de tels moyens, donnait le mouvement et la vie à plusieurs millions de Français ?

Ils sont bien coupables les auteurs de la destruction de tous ces canaux de la prospérité nationale ! Mais quels sont-ils ? L'esprit de parti toujours veut les voir dans les propriétaires colons, qu'il signale d'abord comme *des aristocrates entichés de préjugés*, ensuite comme les *seuls révolutionnaires du pays où ils aspiraient à la domination exclusive* (1). Voilà ce que disent les élèves de cette propagande qui fait germer l'étrange doctrine de s'appuyer sur les *intérêts moraux de la révolution ;* ils qualifient de révolutionnaires les hommes qui en sont les victimes : c'est la tactique de tous ces charlatans qui ne sont philosophes que par spéculation et que l'impunité encourage (2).

J'ai indiqué ce qui avait produit les premiè-

(1) Voyez le *Journal du Commerce* des 12 et 13 avril 1819.

(2) Il serait injuste de ne pas convenir qu'il existe de vrais philantropes, des amis sincères de l'humanité ; mais il ne faut pas les chercher dans les rangs de nos prédicateurs soi-disant

res inquiétudes et les premières agitations à Saint-Domingue ; j'ai démontré qu'elles avaient leur source dans les écrits incendiaires de la faction dite *Société des Amis des noirs*, et dans le sentiment de l'oppression reproché aux administrateurs de la colonie. Je dois maintenant reprendre ma narration sur les événemens qui en ont été la suite.

CHAPITRE III.

Organisation de l'assemblée coloniale. Ses actes. Sa lutte avec l'autorité supérieure. Sa dissolution. Révolte d'Ogé. Assassinat du colonel du régiment du Port-au-Prince. Décrets de l'assemblée nationale. Leur incohérence. Leurs effets. Evénemens. Anarchie.

J'AI dit dans le précédent chapitre que les comités qui s'étaient formés dans les trois pro-

libéraux : ceux-là, simples et modestes, font le bien sans éclat ; ceux-ci courent après la célébrité et sont loin de pratiquer les vertus qu'ils prêchent.

C'est une remarque assez juste que ces modernes indépendans veulent tout asservir ; leur caractère est toujours en opposition avec leurs principes, et c'est à bon droit qu'on peut leur faire cette application :

> L'humanité partout respire en vos écrits ;
> Vous y plaignez le sort des nègres de l'Afrique,
> Et vous ne pouvez pas garder un domestique.
>
> (*Les Deux Gendres*, comédie.)

vinces de la colonie, avaient adopté un plan d'organisation d'assemblée coloniale. C'est sur les bases de ce plan que se constitua la première assemblée réunie à Saint-Marc, le 14 avril 1790, sous le titre d'*Assemblée générale de la partie française de Saint-Domingue.*

Placée à deux mille lieues de la métropole, alarmée de l'application des principes généraux adoptés par l'assemblée nationale, menacée par les hommes de couleur qui déjà s'étaient mis en état d'insurrection dans les plaines de l'Artibonite, cette assemblée rendit des décrets dont l'exécution devait atteindre les prérogatives des représentans du Roi.

C'est alors que s'engagea une lutte qui produisit des divisions funestes entre les dépositaires de l'autorité et les partisans de l'assemblée générale, composée des propriétaires les plus riches et les plus instruits. Jusque-là, les nègres ne paraissaient pas devoir être mis en mouvement, tous les ateliers étaient paisibles; dans quelques quartiers seulement, les hommes de couleur se réunissaient pour tramer les complots qui éclatèrent peu de tems après.

Pénétrée du principe consacré par la métropole, et d'après son exemple, l'assemblée générale de Saint-Domingue considéra comme un droit celui de statuer sur son régime intérieur. En effet, de pareilles lois ne pouvaient être faites qu'au sein même de la colonie, d'abord en raison de la différence du climat, du genre de population et de culture, des mœurs et des habitudes (1). En conséquence, elle décréta le 28 mai 1790, une constitution d'après laquelle elle s'attribua la législation de l'intérieur, dé-

(1) On venait de recevoir l'extrait d'un ouvrage imprimé, ayant pour titre : *Suite de la découverte d'une conspiration contre les intérêts de la France.* « Lisez, colons, et voyez si vos » propriétés sont en sureté. L'assemblée nationale a décrété le » 8 mars, qu'elle n'avait point entendu comprendre les colo- » nies dans la constitution qu'elle avait créée pour le royaume; » et nos possessions d'outre-mer travailleront à leur organisa- » tion intérieure, à leur constitution, de la manière la plus » avantageuse et la plus conforme à leur climat, à leurs mœurs, » à leurs intérêts et à ceux de la métropôle.

» L'espoir des amis des noirs et de l'Angleterre n'est pas » encore perdu, et les colonies et les provinces maritimes se » verront encore probablement exposées à de nouvelles inquié- » tudes, à des actes d'autant plus dangereux qu'ils seront con- » duits avec plus d'art, de méthode et de secret.

» La secte des amis des noirs s'est, à la vérité, presque dis- » sipée dès l'instant qu'un grand coup de lumière s'est porté » sur ses intentions et ses manœuvres, mais une autre société » plus profonde, dans laquelle s'est fondue la société des amis » des noirs, s'est élevée sous la direction des sieurs Mirabeau, » de Condorcet, Brissot de Varville, l'abbé Grégoire, etc., ayant » à leur suite nombre de leurs sectaires et de leurs disciples.

» Cette société s'est d'abord appellée *Club de la propagande*

clara que ses décrets, à cet égard, ne seraient soumis qu'à la sanction du roi, et qu'en cas de refus de la part de S. M., l'exécution en serait suspendue aussitôt la manifestation officielle et légale de ce refus. Néanmoins, elle décréta que tous les articles formant la constitution de la partie française de Saint-Domingue seraient envoyés en France pour être présentés à l'acceptation de l'assemblée nationale et à la sanction du roi.

» *et de la révolution de* 1789. Je prie mes lecteurs de faire attention à ce mot *la propagande*, et d'en sonder la profondeur.

» Son but est non-seulement de propager ce qu'elle appelle » les bons principes, dans tout le royaume, mais encore dans » toute la terre. Elle les traduira dans toutes les langues, les » fera parvenir dans tous les pays; elle se formera des correspondances dans les contrées les plus éloignées; partiront de » son sein des missionnaires qui se porteront dans les divers » points du monde qu'il conviendra à cette société de travailler en révolution, sous le nom si spécieux, presque toujours » si trompeur, de l'humanité, de la liberté.

» Ainsi, d'après les plans de cette société, toutes les formes » de gouvernement, tous les empires doivent être attaqués » par des manœuvres sourdes; et malheur à ceux qui oseront » résister à ses décrets et à ses dogmes! Souverains de la terre, » chefs de tous les gouvernemens, avisez à votre sûreté!

» Les premières vues de cette société se porteront sans doute » sur nos possessions d'outre-mer. Les propriétaires des colonies doivent s'attendre à être ses premières victimes. »

Cette disposition, qui forme le dernier article du décret de constitution pour Saint-Domingue, prouve que l'assemblée générale n'avait point ces vues de souveraineté et d'indépendance dont on n'a cessé de l'accuser, puisque, par cet article, elle renonçait implicitement à l'exécution de son décret, au cas de non acceptation et de sanction.

Cependant, la lutte allait toujours croissant entre les autorités supérieures et l'assemblée générale à cause de ses actes, lorsque le 30 mai elle reçut la notification officielle du décret rendu le 8 mars précédent par l'assemblée nationale, et les institutions du 28 du même mois, relatives à l'organisation des colonies. Il est important d'en faire connaître l'esprit et l'objet sommaire.

Par ce décret, l'assemblée nationale déclarait « qu'en considérant les colonies comme » une partie de l'empire français, elle n'avait » cependant jamais entendu les comprendre » dans la constitution décrétée pour le royaume, » et les assujettir à des lois qui pourraient être » incompatibles avec leurs convenances locales » et particulières ; elle autorisait chaque colo- » nie à faire connaître son vœu sur la constitu- » tion, la législation et l'administration con-

» venables à la prospérité et au bonheur de ses » habitans, à la charge de se conformer aux » principes généraux qui lient les colonies à la » métropole, et qui assurent la conservation de » leurs intérêts respectifs. »

L'instruction du 28 mars prescrivait « les » conditions d'éligibilité à l'assemblée colo- » niale, et le nombre des députés qui devaient » la composer à raison du nombre des citoyens » éligibles ; elle portait que les députés élus se » rendraient immédiatement à Léogane, et y » détermineraient le lieu des séances de l'as- » semblée coloniale ; enfin, elle déterminait » l'étendue des fonctions déléguées aux assem- » blées coloniales, et posait les limites de celles » confiées aux agens du pouvoir exécutif. »

Il est évident par le texte du décret du 8 mars que l'assemblée nationale ne pouvait qu'approuver les dispositions de celui que l'assemblée générale de Saint-Domingue avait rendu le 28 mai avant la notification de ce décret du 8 mars.

Il fut reçu dans la colonie avec un sentiment de reconnaissance ; on demeurait alors convaincu que l'assemblée nationale voulait donner aux colonies une constitution appropriée à leur position et à leurs besoins.

L'assemblée générale de Saint-Marc, qui

avait également reçu le décret et l'instruction avec les signes de la plus grande satisfaction, éleva ensuite des doutes sur l'interprétation de l'art. 4 de cette instruction. Ses membres crurent y voir l'anéantissement d'un ordre de choses auquel ils attachaient la plus grande importance. Cet article portait : « Qu'immédiatement après » la promulgation du décret et de l'instruction, » toutes les personnes âgées de vingt-cinq ans » accomplis, propriétaires d'immeubles, ou, » à défaut d'une telle propriété, domiciliées » dans la paroisse depuis deux ans et payant » une contribution, se réuniraient pour former » l'assemblée provinciale. »

Redoutant les prétentions des hommes de couleur qui continuaient de s'agiter sur la foi des espérances qu'ils recevaient de leurs émissaires, l'assemblée générale de Saint-Marc rendit le 1er juin 1790, un décret portant : « 1° Qu'elle adhérait à celui du 8 mars, en tout » ce qui n'était pas contraire à son acte de » constitution du 28 mai ; 2° que, sans rien pré- » juger sur les instructions du 28 mars, elle » invitait les paroisses à se réunir et à délibé- » rer si elles voulaient que l'assemblée générale » continuât ses fonctions. » Elle prit ensuite d'autres mesures qui lui attirèrent le désavœu de l'assemblée provinciale du Nord, de plusieurs autres corporations formées dans la colonie sous les auspices du gouvernement.

De leur côté, les hommes de couleur profitant des avantages que leur fournissaient les progrès de la révolution en France, argumentaient à la barre de l'assemblée nationale sur l'art. 4 des instructions du 28 mars 1790, mais ils oubliaient le texte du décret du 8, qui autorisait chaque colonie à *émettre son vœu sur la constitution, la législation et l'administration convenables au bonheur de ses habitans.* Il est incontestable que l'assemblée nationale, d'après le texte de son décret du 8, n'admettait encore aucun changement dans le système colonial. Les hommes de couleur devaient donc attendre avec respect le résultat de l'initiative accordée à l'assemblée coloniale, dont l'existence était présumée par cette même instruction. Loin de là, ils ne rougirent pas d'avouer que la résistance à leurs prétentions était la véritable cause de l'insurrection qui troublait la tranquillité de Saint-Domingue (1).

N'est-il pas naturel, d'après cet aveu, de se

(1) Pétition des hommes de couleur à l'assemblée nationale, en date du 18 mars 1791.

récrier contre la partialité de ces écrivains qui accusent sans cesse les colons blancs de Saint-Domingue des malheurs de cette colonie?

Cependant, les assemblées provinciales qui avaient été convoquées en exécution des instructions du 28 mars, confirmèrent l'assemblée générale de Saint-Domingue. Mais d'autres actes d'empiètement sur les pouvoirs des administrateurs de la colonie hâtèrent sa dissolution.

La nouvelle qui s'en répandit, et d'autres bruits inquiétans avaient déterminé les membres du comité provincial, établi au Port-au-Prince, à se réunir et à délibérer sur les mesures à prendre dans la circonstance. Ils avaient appelé la force armée dans le lieu de leurs séances; l'orage grossissait. M. de Mauduit, colonel du régiment du Port-au-Prince, reçut l'ordre du gouverneur de dissoudre ce comité et de s'emparer de ses membres, pour servir de garants de la conduite ultérieure de l'assemblée générale.

Cet ordre fut exécuté dans la nuit du 29 au 30 juillet 1790. Dix ou douze hommes furent tués de part et d'autre, et le comité fut dissous. M. de Mauduit paya ensuite bien cher l'honneur du succès de cette expédition.

Il est difficile de peindre la situation de l'assemblée générale de Saint-Marc, au moment où elle apprit ce résultat ; elle fit à la hâte une proclamation pour inviter toutes les paroisses à se réunir, mais son heure était arrivée. Le 6 août M. de Vincent la somma, en vertu des ordres du gouverneur-général, de se séparer dans quarante-huit heures. Ne se sentant pas en état de résister, les membres de cette assemblée s'embarquèrent à bord du vaisseau *le Léopard* qui fit voile pour la France.

Les détracteurs éternels des colons concluront-ils de tous ces faits que c'est *à l'aristocratie des grands propriétaires, aux actes de l'assemblée de Saint-Marc*, qu'il faut attribuer les malheurs de Saint-Domingue? Certes, la mauvaise foi peut seule inspirer de pareilles idées! Quand on puise à des sources impures, quand on ne cite que d'après les traditions d'un parti, et qu'on tient soi-même à des opinions erronées, on s'expose à des inexactitudes, à des mensonges. Ce n'est pas que je veuille être l'apologiste de l'assemblée de Saint-Marc ; j'étais, à l'époque de sa réunion, dans les rangs de ceux qui l'ont improuvée ; mais le tems amène les réflexions, et l'expérience a démontré que ses actes ne résultaient point d'une volonté coupable, qu'ils ont été produits par les circonstances dont le torrent a entraîné cette assemblée. Quiconque se fût trouvé dans une pareille position, eût vu naître les mêmes orages, et peut-être de plus violens.

Placés au sein d'une révolution où tout était nouveau, il n'est pas étonnant que les membres de l'assemblée de Saint-Marc se soient égarés dans la recherche du bien; toutefois elle avait prévu la dangereuse influence de la révolution française sur Saint-Domingue et sur les colonies, et elle avait cherché les moyens de les en garantir. Si elle s'est trompée, c'est un malheur qu'on ne doit pas lui imputer à crime; si elle n'a pu parvenir au but qu'elle se proposait, c'est l'inexpérience politique de quelques administrateurs temporaires qu'il faut accuser. Au surplus, ces premières agitations n'avaient point encore compromis le système colonial, c'est-à-dire que les esclaves n'avaient pas fait de démonstrations; mais on travaillait secrètement à les faire soulever au signal convenu; les hommes de couleur se ménageaient cette ressource.

Après le départ de l'assemblée de Saint-Marc, il y eut quelques mouvemens séditieux dans la province de l'Ouest ; ils furent bientôt comprimés. La tranquillité paraissait renaître, lorsqu'elle fut de nouveau troublée par l'arrivée dans la colonie du nommé *Ogé*, homme de couleur qui avait passé un an à Paris, et qui vint débarquer, le 21 octobre 1790, dans l'un des ports de la province du Nord, sous le costume d'un matelot américain.

Chargé des instructions de ceux de ses compatriotes qui étaient en permanence auprès de la Société des amis des noirs, Ogé se trouva, huit jours après son débarquement, à la tête d'une petite armée d'hommes de couleur, désarmant les blancs, enrôlant des nègres, et exerçant des actes de violence de tous les genres.

Il avait associé à ses projets de révolte un nommé *Chavanne*, autre homme de couleur. Ils écrivirent au gouverneur-général, au commandant particulier de la province du Nord, et à l'assemblée provinciale (1), pour les informer qu'ils venaient demander l'exécution du décret du 8 mars 1790, et qu'ils emploieraient la force pour réussir.

Cette demande impérieuse, faite avec me-

(1) Les copies officielles ont été déposées au comité colonial de l'assemblée constituante.

naces, était prématurée, puisque le décret dont il s'agit ne statuait point sur l'état politique des hommes de couleur; ainsi la conduite d'Ogé et des siens fut une révolte d'autant plus criminelle, qu'elle se communiqua presqu'au même instant dans toutes les parties de la colonie où les hommes de couleur firent des mouvemens plus ou moins inquiétans (1). Mais l'autorité n'eut qu'à déployer quelque appareil de force pour les réprimer.

Cependant, Ogé et les siens avaient pillé et assassiné plusieurs habitans paisibles et surpris dans leurs propriétés; il vint attaquer ensuite le bourg du Dondon, et après avoir opposé une résistance ouverte aux troupes de ligne et aux milices du Cap, il fut repoussé et abandonné de ceux qui l'avaient suivi; il se retira sur le territoire espagnol.

M. de Blanchelande, qui avait succédé à M. le comte de Peynier dans le gouvernement de Saint-Domingue, le réclama; et peu de jours après, Ogé, un de ses frères, Chavanne et treize autres chefs ayant été arrêtés, furent rendus à la France, en vertu de l'article 6 du traité de 1777.

(1) Il est juste de convenir qu'il y eut des exceptions, et que dans plusieurs quartiers les hommes de couleur refusèrent de prendre part à cette révolte.

L'instruction du procès de ce chef et de ses complices, par le conseil supérieur du Cap, ne laissa aucun doute sur le projet d'une insurrection générale de la part des hommes de couleur. Par son testament de mort du 9 mars 1791, qu'il confirma le lendemain, le frère d'Ogé déclara que deux députés des gens de couleur auprès de l'assemblée nationale étaient revenus dans la colonie, et que leur présence y soutenait le soulèvement. Il ajouta que, sans le débordement des rivières, ces hommes de couleur, réunis à quinze mille nègres, seraient venus, au mois de février précédent, fondre sur la ville du Cap et la livrer au pillage. Il dénonça les principaux agens de ces troubles, et indiqua les points de ralliement et les mesures qui avaient été prises pour l'exécution de ce complot abominable.

Ogé et ses complices furent jugés et condamnés à la peine capitale, qu'ils subirent dans les premiers jours de mars 1791. Cette exécution jeta l'effroi dans l'ame des hommes de couleur des autres quartiers de la colonie, qui considéraient ces chefs de révolte comme des victimes de la résistance des blancs à reconnaître leurs droits politiques.

M. de Blanchelande reçut, entre autres adresses, celle des gens de couleur du quartier de Mirebalais : il y répondit en leur citant les décrets et instructions des 8 et 28 mars, les seuls qui fussent alors officiellement connus. Il leur fit envisager « combien ils se trompaient sur le » sens de ce décret, en voulant leur en donner » un absolument contraire à celui du texte. » Enfin il leur déclara que c'était une erreur » volontaire, et d'autant plus criminelle d'Ogé, » d'avoir prétendu que les instructions du » 28 mars confondaient la caste des gens de » couleur libres, avec la classe des blancs *leurs* » *bienfaiteurs*, quand le décret du 8 porte for- » mellement que rien ne sera innové, etc. (1).»

Les choses devaient donc rester dans l'ordre établi, jusqu'à ce que l'assemblée coloniale eût émis son vœu, et qu'elle eût fait une constitution qui devait être revêtue de l'approbation de l'assemblée nationale.

Les hommes de couleur devaient l'attendre avec d'autant plus de confiance, que déjà ceux d'entre eux qui étaient nés de pères et mères libres, avaient été appelés par l'assemblée de Saint-Marc, à la jouissance des droits politiques.

(1) Cette réponse de M. Blanchelande a été insérée dans *le Moniteur* du 14 février 1791.

Cette concession, faite avant la connaissance officielle du décret du 8 mars, était un bienfait; il fut payé d'ingratitude. L'injustice à cet égard s'est propagée à un tel point, qu'encore aujourd'hui les écrivains attribuent la rébellion des hommes de couleur au refus que les blancs leur ont opposé. Quand on s'est une fois engagé dans la voie du mensonge et de la perfidie, on n'aime point à rétrograder, et l'amour-propre de quelques écrivains serait trop blessé s'ils étaient forcés de convenir que ces mêmes colons blancs voulaient conserver Saint-Domingue à la France, en appropriant à cette colonie une constitution convenable.

La mort d'Ogé et de ses complices avait fait une impression telle, que tous les rassemblemens se dissipèrent bientôt; le calme parut encore renaître, mais c'était celui qui précède l'orage. Il éclata peu de tems après l'arrivée de quelques troupes, composées de deux bataillons d'infanterie, l'un du régiment d'Artois, et l'autre de Normandie, avec un détachement du corps royal d'artillerie.

Malgré les précautions prises par M. de Blanchelande, ces troupes, dont la subordination était un peu affaiblie, débarquèrent au Port-au-Prince, et firent connaissance avec le régiment dont M. de Mauduit était colonel.

La bonne intelligence ne dura pas long-tems : les nouveaux débarqués, instruits de ce qui s'était passé huit mois auparavant dans cette ville, reprochèrent à ce régiment *de n'être pas à la hauteur des principes.* Ils le blâmèrent d'avoir obéi aux ordres de son colonel, qui lui avait commandé une expédition tyrannique (celle du comité dans la nuit du 29 au 30 juillet 1790) ; enfin, ils annoncèrent hautement que cette expédition était une tache pour des soldats français.

Une députation des mécontens de la ville profita de cette exaltation, et se rendit chez le colonel Mauduit. Elle le somma de remettre les drapeaux qu'il avait pris au comité provincial. Il offrit de les délivrer à l'instant ; mais on exigea qu'il vînt, à la tête de son régiment, les replacer dans le lieu d'où ils avaient été enlevés. Il souscrivit à cette demande impérieuse ; à peine arrivé, le colonel, accablé d'outrages, fut assassiné au milieu de la ville par ses propres soldats, et sa maison fut mise au pillage. M. de Blanchelande partit au moment même pour éviter à ces furieux un double crime ; il se rendit au Cap. Aussitôt après son départ, il se forma une nouvelle municipalité qui s'empara de tous les pouvoirs ; mais bientôt la discorde se mêla entre les corps nouvellement débarqués et le régiment du Port-au-Prince. Un simulacre de résistance faillit occasionner de grands désordres, la ville en fut heureusement préservée ; le régiment se laissa désarmer, il fut embarqué de suite et partit pour France (1).

On n'a pas perdu de vue que l'assemblée nationale, après avoir solennellement annoncé qu'elle voulait s'occuper des moyens propres à assurer le bonheur et la tranquillité des colonies, avait promis de leur donner une constitution compatible avec leurs besoins et *leurs usages particuliers ;* elle avait déclaré qu'il ne serait statué sur l'état des personnes dans les

(1) Ces événemens précédèrent d'autres actions non moins atroces, et c'est à juste titre qu'ils ont excité l'indignation de tous les hommes sensibles. Sans vouloir les excuser, n'est-il pas permis de dire qu'au lieu de les citer comme une source des calamités qui affligèrent la colonie, ils n'en furent que la conséquence non moins condamnable ? N'était-il pas de l'impartialité d'un historien de rappeler les antécédens ? Il est à remarquer que des faits de même nature sont traités avec indulgence ou sévérité, selon l'esprit qui dirige ceux qui s'en emparent ; c'est ainsi que lorsqu'il est question des journées des 2 et 3 septembre, quelques écrivains ou se taisent ou s'appitoient avec ménagement, tandis que pour les barbaries exercées à Saint-Domingue, les grands propriétaires blancs sont à leurs yeux les instigateurs et les seuls coupables.

colonies que sur l'initiative de leurs assemblées. Cette promesse avait calmé les esprits, et l'on espérait beaucoup à Saint-Domingue de la mission de trois commissaires que, par décret du 1er février 1791, le roi était prié d'y envoyer, avec pouvoirs de suspendre tous jugemens d'affaires relatifs aux derniers troubles.

Tout-à-coup ces espérances furent détruites par la nouvelle d'un autre décret rendu le 15 mai de la même année, et qui, en anéantissant l'effet des précédentes promesses faites par l'assemblée nationale, vint exciter de nouvelles convulsions à Saint-Domingue (1). Aussi les colons ne purent-ils s'empêcher de se plaindre de ces mesures contradictoires, auxquelles ils rapportaient à juste titre la source de leurs maux. D'un autre côté, l'attente des hommes de couleur libres ne se trouvait pas remplie; l'exclusion prononcée par la loi contre ceux qui n'étaient pas nés de père et mère libres

(1) Ce décret contenait trois dispositions principales; la première, « que le corps-législatif ne délibérerait jamais sur » l'état politique des hommes de couleur qui ne seraient pas » nés de père et mère libres. » La seconde, « que les assemblées coloniales lors existantes continueraient leurs fonctions. » La troisième, « que les hommes de couleur nés de » père et mère libres seraient admis dans toutes les assemblées » coloniales et provinciales futures, s'ils avaient d'ailleurs les » qualités requises. »

mécontenta singulièrement cette dernière classe, la plus nombreuse, et qui paraissait avoir sollicité le plus vivement un décret en sa faveur.

Il n'en fallut pas davantage pour rallumer la haine des mulâtres contre les blancs, et la discorde se glissa, comme cela devait être, entre les affranchis et les hommes de couleur nés de pères et mères libres. Dans cet état de choses, le gouverneur de Saint-Domingue crut devoir prévenir le ministre de la marine de l'effet que produisait déjà la connaissance de ce décret du 15 mai. Après lui avoir fait le tableau du danger où se trouvait la colonie, il n'oublia point de lui faire remarquer que c'était à l'instabilité des mesures législatives qu'il fallait attribuer la cause des nouveaux troubles dont Saint-Domingue était menacé. Cette remarque me dispense de disculper davantage les colons propriétaires, qu'on ne cesse d'accuser comme auteurs des maux qu'ils avaient tant d'intérêt de prévenir.

Cependant ce décret si funeste ne fut point envoyé officiellement ; M. de Blanchelande avait écrit au ministre qu'il ne prendrait pas sur lui d'en ordonner la promulgation. Toutes les places maritimes, les villes de commerce et de manufactures firent spontanément des réclamations ; enfin, l'assemblée nationale, éclairée par ce cri général, *convaincue que l'incertitude des esprits sur les principes de la métropole avait été la première cause des troubles de Saint-Domingue*, rendit un nouveau décret dont les principales dispositions étaient plus conformes aux vues d'une saine politique et de l'intérêt général; mais il était malheureusement trop tard, et ce décret ne put arriver assez à tems pour prévenir la révolte des nègres, qui avait éclaté le 16 août 1791 (1).

Je n'ai point dissimulé les erreurs et les fautes commises par les premières assemblées de Saint-Domingue; j'en ai indiqué la source, et les détails dans lesquels je suis entré me paraissent avoir suffisamment démontré que les événemens auxquels ces fautes et ces erreurs ont donné lieu ne peuvent être raisonnablement

(1) Ce décret, en date du 24 septembre 1791, portait que « les lois concernant l'état des personnes non libres, et l'état » politique des hommes de couleur et nègres libres, ainsi que » les réglemens relatifs à l'exécution de ces mêmes lois, seraient » faites par les assemblées coloniales; qu'elles s'exécuteraient » provisoirement, avec l'approbation des gouverneurs, pendant » un an, et qu'elles seraient portées directement à la sanction du » Roi, sans qu'aucun décret antérieur puisse porter obstacle au » plein exercice de ce droit conféré aux assemblées coloniales.»

Le surplus des dispositions de ce décret était relatif aux relations commerciales avec la métropole et aux lois concernant la défense des colonies. L'initiative était, comme de juste, réservée à l'assemblée nationale et au roi.

reprochés aux colons. Dans tous les cas, elles n'avaient pu autoriser les hommes de couleur à se révolter pour obtenir, par la voie des armes, ce qui ne devait leur être accordé que dans le calme des délibérations de l'assemblée coloniale.

CHAPITRE IV.

Formation d'une nouvelle assemblée coloniale. Révolte des nègres dans la province du Nord. Arrivée de trois commissaires civils. Concordat entre les hommes de couleur et la garde nationale du Port-au-Prince. Rupture de ce concordat. Incendie de la ville du Port-au-Prince. Départ des commissaires. Insurrection dans les provinces de l'Ouest et du Sud. Arrivée de trois nouveaux commissaires civils, d'un gouverneur et de 6000 hommes de troupes. Début de ces commissaires. Instructions secrètes. Expédition contre la ville du Port-au-Prince. Bombardement de cette ville. Déportation d'une grande partie de ses habitans. Arrivée du général Galbaut au Cap. Retour des commissaires dans cette ville. Embarquement du général et de sa famille. Provocations à des soulèvemens. Insurrection dans la rade du Cap. Descente des marins et de la troupe. Attaque de la ville sur trois points. Carnage, incendie, pillage. Retraite des commmissaires. Départ du convoi. Liberté générale des nègres proclamée. Invasion de plusieurs quartiers de la colonie par les Anglais. Nouvelle commission civile envoyée par le directoire à Saint-Domingue. Elévation de Toussaint-Louverture. Ses progrès. Son caractère. Evacuation des Anglais. Guerre de Toussaint-Louverture contre Rigaud. Ses victoires, ses cruautés, ses projets d'indépendance. Constitution par lui donnée à Saint-Domingue. Etat de cette colonie sous son gouvernement.

La juste condamnation d'Ogé et de ses complices avait ralenti les mouvemens des hommes de couleur; mais ils se réunissaient secrètement, et ils préparaient dans les ténèbres les moyens d'exécuter les instructions qui leur étaient envoyées de France par les moteurs de tous ces désordres.

Ce moment ne tarda point à arriver.

Une nouvelle assemblée coloniale, formée d'après les instructions du 28 mars, devait être installée au Cap, le 25 août 1791. Quelques-uns des députés, en se rendant à leur poste, furent témoins d'un incendie sur une habitation du quartier du Limbé; plusieurs traversèrent des sucreries en proie aux flammes; enfin, quatre de ces députés furent impitoyablement massacrés en route.

Diverses personnes vinrent déposer qu'il existait un vaste plan de conspiration, dirigé particulièrement contre la ville du Cap, où les insurgés, au signal du feu mis à des habitations voisines, avaient organisé un massacre général.

Pendant que M. de Blanchelande prenait les mesures nécessaires pour la préserver, l'insurrection faisait des progrès au-dehors, et, dans la nuit du 22 au 23 août, des nègres révoltés assassinèrent les blancs isolés sur les habitations des quartiers environnans (1).

(1) La révolte avait éclaté en même tems sur les trois habi

A chaque instant on apprenait des nouvelles fâcheuses ; tous ceux qui fuyaient de la plaine rapportaient que les violences des insurgés augmentaient avec leur nombre, et que le mal s'étendait rapidement à toute la partie du Nord.

Malgré les précautions prises pour empêcher les communications de cette province avec celles de l'Ouest et du Sud, les hommes de couleur s'étaient armés dans les environs

tations Galifet; M. Odeluc, qui en était le procureur-gérant, fut assailli, ainsi que les blancs attachés à ces habitations, par les nègres portant pour bannière le cadavre d'un enfant blanc empalé au bout d'une pique. S'adressant à son nègre cocher, devenu l'un des chefs, M. Odeluc lui dit : « Malheureux, je ne t'ai jamais fait que du bien, pourquoi veux-tu ma mort ? — Cela est vrai, répondit-il, mais j'ai promis de vous égorger. » A l'instant mille coups lui sont portés, la majeure partie des blancs périt avec lui.

Dans le même moment, l'atelier de l'habitation Flaville, qui avait juré fidélité au procureur, s'arme, se révolte, entre dans les appartemens des blancs, et en massacre cinq. La femme du procureur demande à genoux la vie de son mari ; les nègres sont inexorables, ils assassinent l'époux, en disant à l'épouse infortunée qu'elle et ses filles sont destinées à leurs plaisirs. M. Robert, employé sur la même habitation, est saisi par ses propres nègres, qui le garottent entre deux planches et le scient avec lenteur. Un autre colon est égorgé par celui de ses nègres, qu'il avait comblé de bienfaits. Son épouse, jetée sur son cadavre, est forcée d'assouvir la brutalité de ce monstre. Au quartier de la Grande-Rivière, M. Cardineau avait deux enfans naturels de couleur, à qui il avait donné la liberté, et

du Port-au-Prince, et insurgeaient les ateliers. Réunis à un grand nombre de nègres, ils fondirent, le 22 août, sur un détachement de milices, qui se rendait en ville, escortant des femmes, des vieillards et des enfans pour les soustraire aux fureurs dont ils étaient menacés. Au bruit de la fusillade, quelques gardes nationaux et soldats de ligne sortirent pour combattre ces insurgés ; mais ils furent repoussés. Ainsi, l'on ne peut plus mettre en doute que les hommes de couleur n'aient été les provocateurs de l'insurrection subite dans le Nord, puisqu'ils la

dont il avait soigné l'enfance avec la plus tendre sollicitude; ils se présentent à lui le pistolet sur la gorge, lui demandent son argent; il consent à leur demande : à peine en sont-ils saisis qu'ils le poignardent.

A l'Acul, M. Chauvet du Breuil est assassiné par un mulâtre de seize ans, son fils naturel, à qui il destinait sa fortune, après l'avoir affranchi dès son adolescence.

A la grande ravine du Limbé, un colon, père de deux jeunes demoiselles blanches, est garotté par un grif, chef d'une bande; il viole l'aînée en sa présence, donne l'autre à un de ses satellites; leur passion satisfaite, le père et les filles sont égorgés.

Ces scènes d'horreur et de carnage ont eu lieu dans tous les quartiers insurgés, au même moment. Les infortunés habitans étaient surpris chez eux ou traqués au-dehors. A mesure que la révolte s'est étendue, les victimes ont été plus nombreuses ; les nègres faisaient assaut de barbarie, et l'on se rappellera un mulâtre nommé Castaing, qui arrachait les yeux des blancs avec des tirebouchons.

répétaient dans l'Ouest au même moment où l'assemblée coloniale, séante à soixante-dix lieues, arrêtait qu'il serait donné avis à cette province et à celle du Sud des malheureux événemens qui affligeaient les environs du Cap.

Cependant elle voulut s'occuper du sort de ces hommes, malgré leur conduite coupable; et, dans les premiers jours du mois de septembre, sur la proposition spontanée de quelques-uns de ses membres, l'assemblée délibéra sur les moyens d'améliorer l'état des hommes de couleur libres. Elle les invita à se réunir dans leurs paroisses respectives, et à rédiger des pétitions tendantes à fixer leur état politique, et, pour ceux qui étaient alors sous les armes, elle les autorisa à former des assemblées dans leurs camps mêmes, pour la rédaction de leurs pétitions.

Certes, elle ne pouvait donner une garantie plus sincère de ses intentions en faveur de ces hommes, auteurs des premiers troubles et complices de la révolte des noirs.

Mais, au lieu de concourir à l'arrêter dans la partie de l'Ouest où ils l'avaient excitée, les mulâtres, au contraire, la multipliaient afin de pouvoir dicter des lois à la ville du Port-au-Prince. Là, deux partis divisaient les blancs, et telle était la bizarrerie de leur position, que celui qui paraissait sous la bannière dite *de l'aristocratie*, soutenant les prétentions des hommes de couleur, était le révolutionnaire de France, tandis que l'autre, marchant sous les drapeaux de l'égalité et combattant ces prétentions, était vraiment aristocrate à Saint-Domingue.

Les premiers flattaient les mulâtres pour éviter de plus grands malheurs ; ils étaient dans leurs rangs, moins pour soutenir leur cause, que pour venger la mort du colonel Mauduit et les outrages faits au gouvernement existant. Les seconds se rappelaient l'assemblée de Saint-Marc, et ne voulaient point de transaction avec les révoltés. C'est contre ce dernier parti que les hommes de couleur étaient le plus acharnés. Profitant de la division qui existait au Port-au-Prince, ils augmentèrent leurs moyens de révolte, et formèrent un noyau d'insurgés assez fort pour faire craindre un embrasement général.

Dans cet état de choses, la garde nationale de cette ville proposa un arrangement; des commissaires furent nommés de part et d'autre, et la réunion eut lieu le 11 septembre 1791 à la Croix-des-Bouquets, au centre des positions militaires de ces hommes dont l'état politique venait d'être le premier objet des délibérations de l'assemblée coloniale.

Ils connaissaient trop bien l'influence des moyens extraordinaires qu'ils employaient, pour les négliger; ils se montrèrent en vainqueurs sans avoir combattu, et dictèrent les conditions d'un concordat qui fut accepté sans aucune réclamation.

Cependant, vers la même époque, l'assemblée nationale décrétait que les lois concernant l'état politique des hommes de couleur et nègres libres seraient faites par les assemblées coloniales, et portées directement à la sanction du roi. Ce décret ne passa point sans opposition de la part des défenseurs des amis des noirs et de la cause des gens de couleur; il contrariait les prétentions de ces derniers, qui préféraient le texte de celui du 15 mai, quoiqu'il n'accordait les droits politiques qu'aux hommes de couleur nés de pères et mères libres. On ne connaissait alors d'officiel que le décret du 8 mai 1790 et les instructions du 28, quand on y reçut, avec le même caractère, ce nouveau décret du 24 septembre 1791, et trois commissaires nommés pour prendre connaissance de la cause des troubles, les faire cesser, etc. (1) Par la dernière disposition, l'assemblée nationale vota des remercîmens aux citoyens des Etats-Unis d'Amérique et à tous ceux qui, au milieu des désordres de Saint-Domingue, avaient fourni des secours et s'étaient dévoués au salut de cette colonie (2).

Cette disposition relève suffisamment les colons de Saint-Domingue de la ridicule imputation qu'on n'a cessé de leur adresser d'avoir imploré les secours des puissances étrangères.

(1) Ces commissaires étaient les sieurs Mirbeck, Saint-Léger et Roume Saint-Laurent.

(2) Les atrocités que commettaient les nègres révoltés dans la partie du Nord étaient si nombreuses et si inquiétantes, que l'assemblée coloniale crut devoir, de concert avec le gouverneur, prendre toutes les mesures que dictait la prudence. Elle avait rendu le 24 août un arrêté portant: « Qu'attendu l'augmentation de l'attroupement des nègres et l'impossibilité où » les villes allaient se trouver pour leur défense, plusieurs » petits bâtimens seraient expédiés pour demander aux puissances voisines des secours d'hommes et des munitions de » guerre et de bouche. »

L'assemblée provinciale de l'Ouest expédia aussi quelques jours après une goëlette à la Jamaïque, d'où arrivèrent deux bâtimens chargés de munitions. Ces demandes de secours, que commandait la nécessité, ont été et sont encore le sujet des imputations les plus perfides faites aux colons par des hommes ignorans. Il faut donc leur apprendre que, même en tems de guerre (et elle n'existait pas alors), les gouvernemens possesseurs de colonies étaient engagés à s'entr'aider pour étouffer des révoltes de nègres. (Art. 9 du traité du 3 juin 1777.)

Il avait été stipulé dans le concordat du 11 septembre que ses effets s'étendraient aux hommes de couleur de la province du Sud appelés à jouir de tous les avantages que leurs frères de la partie de l'ouest avaient exigés. Ceux-là se conduisirent d'abord avec sagesse et prudence; ceux-ci, toujours en armes, voulurent anticiper l'exécution des clauses qu'ils avaient dictées; sur des refus motivés, ils prirent l'ombrage et menacèrent d'hostilités. On se réunit de nouveau; un second concordat, en date du 21 octobre, portait que dans le délai d'un mois « le gouverneur serait invité à faire une pro- » clamation afin de convoquer tous les ci- » toyens blancs et de couleur indistinctement, » à l'effet de procéder à une nouvelle forma- » tion d'assemblées municipales, provinciales » et coloniales. »

Ce nouveau concordat, arraché par la violence, ne pouvait lier ni le gouverneur ni l'assemblée qui était formée en exécution du décret du 8 mars 1790; mais la raison était impuissante sur des hommes protégés d'ailleurs par le parti révolutionnaire de France.

Le délai expiré, ils se présentèrent en armes au Port-au-Prince et réclamèrent l'exécution du traité du 21 octobre. Les sections se réunirent : le résultat des délibérations était conforme à leurs vœux lorsqu'une rixe survenue entre un nègre esclave et un blanc engagea entre les deux partis un combat général qui se termina par l'incendie de trois cents maisons.

Les hommes de couleur s'étaient retirés confusément, et après s'être ralliés à quelque distance du Port-au-Prince, ils recrutèrent leur parti en se rendant maîtres de la plaine du Cul-de-Sac et des ateliers de toutes les habitations.

Pour arrêter ces désordres, les commissaires civils qui venaient d'arriver au Cap invitèrent par une proclamation les blancs et les hommes de couleur à déposer les armes, à rentrer dans leurs foyers et à abjurer tous sentimens de haine et de discorde. Cette proclamation n'eut point l'effet qu'on devait en attendre. La ville du Port-au-Prince était disposée à obéir, mais, investie par l'armée des hommes de couleur, elle resta sur la défensive ; ceux-ci répondirent à la proclamation par une adresse dans laquelle ils protestèrent contre les corps administratifs, municipaux et populaires, déclarant que jusqu'à leur dissolution ils demeureraient en état de guerre ; ils ne se bornèrent pas là, ils poursuivirent avec acharnement le siége du Port-au-Prince qui, recevant ses eaux de deux sources éloignées, chacune d'une lieue, en fut tout-à-coup privé par les moyens que les assiégeans avaient pris d'en détourner le cours.

Réduits au désespoir, les assiégés prirent une résolution violente : l'équipage du vaisseau *le Borée*, commandé par M. de Grimoard, fut gagné ; le vaisseau alla s'embosser devant le camp des insurgés, et malgré les représentations de ce brave capitaine, l'équipage fit feu sur le camp. Les hommes de couleur avaient annoncé qu'ils se livreraient aux derniers excès ; ils tinrent parole : à la troisième bordée, on les vit la torche à la main, marquant leur retraite par le ravage et l'incendie de plusieurs habitations.

J'ai dit précédemment que la conduite des hommes de couleur de la province du Sud avait été jusqu'alors sage et digne d'éloges ; ils la soutinrent encore malgré les tentatives et les insinuations de ceux de la partie de l'Ouest. Ils goûtaient en paix les fruits de leur modération, lorsque la nouvelle de l'incendie du Port-au-Prince parvint à leur connaissance. Cet événement produisit dans tous les esprits les sensations les plus vives ; il eut les suites les plus fâcheuses. Les blancs conçurent de la méfiance contre les hommes de couleur, mais ils restèrent tranquilles. Ceux-ci, poussés par leurs frères de la province de l'Ouest, prirent de l'ombrage et coururent aux armes. Quoique les blancs n'eussent fait aucune disposition hostile, les hommes de couleur, égarés par des suggestions perfides, se livrèrent aux excès les plus violens; ils soulevèrent et armèrent les esclaves, ils imposèrent des lois à la ville des Cayes, à celles de Cavaillon et de Jérémie, et s'emparèrent du fort Saint-Louis, le seul lieu fortifié de la province du Sud. Partout leur armée se signala par les massacres, le pillage et l'incendie.

Les commissaires civils étaient sans consistance et sans crédit, ils n'avaient pu parvenir même à calmer l'effervescence des deux partis qui, par leur réunion dans la province de l'Ouest, auraient doublé leurs forces et opposé une digue insurmontable au torrent de l'insurrection; ils quittèrent la colonie sans qu'on s'aperçût de leur départ.

Cependant la révolte faisait des progrès dans la province du Nord où cent mille nègres portaient la flamme de tous côtés. Epars sur une surface de terres entrecoupées de gorges et de montagnes, les habitans qui fuyaient cherchaient à se rallier et à vendre chèrement leur vie; mais les routes étaient obstruées, ils furent pris et massacrés; les plantations et les manufactures de cette province n'offrirent plus alors que des monceaux de cendres et de cadavres. Dans les provinces du Sud et de l'Ouest, la guerre civile n'était pas moins cruelle, et la colonie entière payait chèrement quelques succès remportés sur les insurgés.

Tel était l'état des choses en 1792.

Vers le mois d'août de cette année, arrivèrent trois nouveaux commissaires civils avec 6000 hommes de troupes (1). M. de Blanchelande remit son gouvernement à M. Desparbès, qui débuta par une proclamation faite pour rassurer les esprits.

On devait tout attendre des blancs, fatigués des calamités qui désolaient un si beau pays; ils étaient disposés à la plus entière soumission. Mais, par une fatalité attachée au sort de Saint-Domingue, cette expédition qui pouvait tout réparer, ou au moins arrêter le cours de tous les désordres, ne fut employée qu'à les étendre, et servit à la destruction du système colonial, et par conséquent de la colonie.

Les commissaires civils paraissaient n'avoir

(1) Sonthonax, Polverel et Ailhaud. Ces forces, ajoutées à celles que possédait la colonie, étaient bien suffisantes pour arrêter tous les désordres.

d'autre mission que celle de faire exécuter une loi du 4 avril 1792, qui fixait les droits politiques des hommes de couleur et nègres libres; on ne tarda point à connaître que leurs pouvoirs étaient sans bornes et que la colonie allait être livrée à trois proconsuls chargés d'instructions secrètes, avec cette épigraphe : *Divide ut imperes.*

En effet, les militaires étaient soumis à l'empire de leurs réquisitions, ils disposaient de toutes les branches de l'administration, et l'autorité pleine et entière leur était dévolue.

Un mois ne fut pas écoulé que, sous prétexte d'un prétendu complot formé par de soi-disant contre-révolutionnaires, ces proconsuls firent déporter M. Desparbès, M. de Campfort, colonel du régiment du Cap, ainsi que plusieurs propriétaires recommandables; ensuite ils se partagèrent la colonie : Sonthonax resta dans le Nord, Polverel et Ailhaud se rendirent dans l'Ouest, où les hommes de couleur les attendaient avec une vive impatience.

L'exécution de la loi du 4 avril était, comme je l'ai dit, l'objet ostensible de leur mission; or cette loi était déjà exécutée dans plusieurs quartiers de la colonie et particulièrement au Port-au-Prince, où la municipalité comptait parmi ses membres des hommes de couleur et nègres libres. Les difficultés s'aplanissaient donc pour les commissaires civils, qui pouvaient alors facilement réduire les nègres révoltés ; mais cette marche n'était pas conforme à leurs instructions secrètes, sur lesquelles ils basaient leur plan de conduite.

Pour arriver plus sûrement à leurs fins, ils répandirent l'inquiétude et rallumèrent les divisions. Ce soin fut confié à des agens qu'ils avaient amenés et qui sortaient de l'école de la propagande révolutionnaire. Dans une assemblée de paroisse, au Port-au-Prince, Polverel monta en chaire, et après un court exorde sur les bruits qui circulaient relativement à ses intentions et à celles de ses collègues, il déclara publiquement que « leur mission se bornait à » l'exécution de la loi du 4 avril ; que c'était à » tort qu'on leur supposait des instructions se- » crètes, notamment celles de proclamer la » liberté des nègres, *qu'ils reconnaissaient la* » *nécessité de l'esclavage dans les colonies*, *et* » *qu'ils abdiqueraient leur mission plutôt que* » *d'attenter à cette partie si délicate du sys-* » *tème colonial.* » Sonthonax en disait autant au Cap et à la même époque ; à l'égard d'Ailhaud, il ne voulut point prendre part aux horreurs que le machiavélisme de ses collègues préparait à la colonie, il avait deviné leurs projets atroces, et quand il se sépara de Polverel pour se rendre dans la province du Sud, il fit voile pour France sur la frégate qui devait le porter aux Cayes.

Les deux commissaires s'adjoignirent Delpech, l'un des secrétaires de la commission, et sur l'esprit duquel ils avaient un empire absolu.

»On verra bientôt comment ils ont opéré en sens inverse de leurs déclarations, et l'on pourra juger de leur perfidie par les actes dont ils ont fait précéder leur système de destruction. Ils avaient débuté au Cap par déporter les chefs du gouvernement, qu'ils accusaient d'aristocratie; trois mois après, Sonthonax fit embarquer ceux des blancs dont il redoutait l'influence sur le parti populaire. L'assemblée coloniale fut dissoute, et l'on procéda, en exécution de la loi du 4 avril, à de nouvelles élections. Partout des hommes de couleur avaient été élus; mais comme ils n'auraient pu former une majorité, et qu'il entrait dans le projet des proconsuls de les faire dominer, on trouva les moyens d'empêcher la réunion de la nouvelle assemblée. Il n'y eut point de réclamations, tant était imposante l'autorité des commissaires! Dans le

Nord, Sonthonax se contentait de neutraliser les progrès de la révolte; il n'avait besoin pour cela que de la voie des correspondances; dans l'Ouest, Polverel n'était pas moins contrarié que lui de la déférence des autorités secondaires et de l'entière soumission des blancs. Tous les deux n'étaient embarrassés que sur le choix des mesures à prendre pour consommer la ruine de la colonie. Or, voici comment s'y prirent ces doctrinaires de la révolution, ces porteurs d'instructions de la Société des amis des noirs : avant de quitter le Port-au-Prince pour se rendre aux Cayes, Polverel avait adressé à tous les corps constitués des félicitations sur la conduite des habitans de cette ville, sur l'empressement qu'ils avaient mis à exécuter la loi du 4 avril. La frégate *la Précieuse*, qui le portait dans la province du Sud, n'était pas à vingt lieues lorsqu'elle aperçut le vaisseau *l'América*, qui forçait de voiles pour la rejoindre. Ce vaisseau avait appareillé de Saint-Marc, d'où Sonthonax avait lancé une proclamation par laquelle il appelait les quatorze paroisses de la province de l'Ouest à marcher contre la ville du Port-au-Prince, qu'il désignait comme un foyer de séditions.

Les signaux de *l'América* furent répétés par

la frégate qui, au bout de quelques heures, se trouva à portée de voix. Après avoir louvoyé pendant trois jours, les deux bâtimens vinrent mouiller dans la rade du Port-au-Prince, où stationnait une autre frégate (*la Fine*). Les deux commissaires, réunis sur le vaisseau, envoyaient leurs ordres aux agens qu'ils avaient placés dans toutes les paroisses, afin de faire marcher les habitans contre *la ville rebelle*. La consternation s'y était répandue, elle fit bientôt place au désespoir; néanmoins les autorités et les principaux notables se rendirent à bord du vaisseau. Après avoir essayé de fléchir Sonthonax, ils revendiquèrent les témoignages que Polverel leur avait donnés huit jours auparavant; mais ce fut en vain; il fut sourd à leurs représentations, à leurs prières, et le machiavélisme l'emporta. Ces hommes altérés de sang et de carnage exigèrent qu'on leur livrât un certain nombre d'habitans que les mulâtres avaient désignés. Cette proposition ayant été rejetée, le vaisseau et les deux frégates s'embossèrent, et les corps qui étaient disposés sur toutes les routes s'approchèrent de la ville à une distance toutefois respectueuse.

Le 12 avril 1793, après une dernière tentative de la part des notables du Port-au-Prince, les bâtimens embossés attaquèrent à neuf heures du matin ; leur feu fut principalement dirigé sur les deux forts qui dominent la rade. Ils ne pouvaient riposter que faiblement par le manque d'artilleurs, que la défense de la place avait obligé de répartir sur les points menacés du côté de la terre. La ville se rendit à discrétion à quatre heures du soir, et le lendemain les commissaires y ayant fait leur entrée, imposèrent à ses habitans une contribution de 450,000 francs, destinés à payer les quatre cent cinquante boulets qu'elle avait reçus la veille.

Polverel et Sonthonax s'occupèrent d'abord de proscriptions ; quatre à cinq cents personnes furent déportées pour France et embarquées sur divers bâtimens qui devaient se rendre au Cap, pour former un convoi sous l'escorte des vaisseaux et frégates dont on pouvait disposer.

Après ces exploits révolutionnaires, les proconsuls organisèrent les pouvoirs dans les provinces de l'Ouest et du Sud ; partout les hommes de couleur obtinrent l'avantage, partout les blancs furent humiliés et persécutés.

La guerre avec les Anglais existait depuis deux mois, et quoique les hostilités n'eussent pas encore été très-sensibles sur les côtes de

Saint-Domingue, le convoi du Port-au-Prince se rendit au Cap sous escorte, quinze jours après la canonnade du 12 avril. Le général Galbaud, nommé au gouvernement de la colonie, y arriva dans les premiers jours du mois de mai, avec des instructions qui le soumettaient entièrement aux réquisitions des commissaires civils. Ils étaient toujours dans la province de l'Ouest, où ils apprirent son arrivée. Galbaud prit sur lui quelques actes assez insignifians, mais qui n'effarouchèrent pas moins ces deux hommes ombrageux; en conséquence, ils se hâtèrent de revenir au Cap, où leur entrée aurait été le signal de leur défaite, si le général Galbaud eût montré l'énergie que son frère lui inspirait. Loin de là, il fut au-devant des commissaires, et décéla une faiblesse qu'ils mirent à profit. Il fut embarqué avec toute sa famille un mois après son arrivée.

La rade du Cap était couverte de bâtimens nationaux et étrangers; environ mille blancs des différens quartiers de la colonie étaient disséminés à bord de ces bâtimens et condamnés à la déportation; mais il fallait avitailler un pareil convoi, et cette opération demandait du délai. Pendant ce tems, les commissaires travaillaient à l'exécution du grand projet que la propagande leur avait confié. Fidèles à son mandat et méthodiques dans leur conduite, ils se réservaient toujours les moyens d'accuser ceux qu'ils allaient frapper. C'est une tactique qui n'a cessé d'être employée avec un douloureux succès. C'est ainsi qu'après l'embarquement de Galbaud et de sa famille, les deux proconsuls imaginèrent de faire insulter par des hommes de couleur les marins qui venaient à terre avec permission de leurs officiers. Sous prétexte de prévenir des rixes, il fut défendu par un arrêté de la commission, à ces marins, de rester à terre après sept heures du soir. D'autres mesures du même genre, et toutes inexécutables, devaient produire l'effet que les commissaires avaient prévu, mais ne voulant point paraître les auteurs de la grande tragédie qu'ils avaient composée, et dont ils avaient distribué tous les rôles, ils firent préluder les hommes de couleur, dont les marins venaient d'éprouver l'insolence. Quelques voies de fait augmentèrent l'irritation ; elle fut communiquée aux soldats des différens corps qui se trouvaient parmi les déportés ; aussitôt une descente à terre fut projetée, on envoya des députations au général Galbaud, prisonnier en rade, pour l'inviter à prendre le commandement, il y consentit. S'emparer des commissaires et de leurs adhérens, tel était le but de l'expédition après laquelle Galbaud, ressaisissant l'autorité supérieure, aurait avisé aux moyens de rétablir l'ordre ; mais les proconsuls avaient calculé d'avance les résultats de cette expédition ; et au moyen des mesures qu'ils avaient prises, ils savaient bien qu'elle aboutirait au gré de leurs *vues philantropiques.*

La descente eut lieu le 20 juin 1793, à deux heures après midi, sur trois points différens et par colonnes. Celle du centre s'empara de l'arsenal, situé près le bord de la mer, et qui était gardé par soixante-quinze hommes de couleur. Ils se rendirent sans résistance, et furent envoyés à bord. Ensuite les trois colonnes s'avancèrent pour attaquer l'hôtel du gouvernement, où étaient les commissaires civils. Déjà la colonne de droite s'était emparée d'une éminence où elle avait établi deux pièces de canon qui pouvaient foudroyer le Gouvernement. Celle du centre y était parvenue, lorsque l'officier qui la commandait fut grièvement blessé. Sa chute effraya la troupe, composée en grande partie de matelots peu habitués à ce genre de combat. Ils se débandèrent pour se livrer au pillage ; les autres détachemens, poursuivis par des corps nombreux, se retirèrent en désordre au bord de la mer, où ils contraignirent Galbaud de retourner en rade. Mais son frère avait rallié les colonnes dispersées, et le lendemain il attaqua le Gouvernement, sous la protection du feu de la batterie que la veille on avait établie sur les hauteurs.

C'était là ce que voulaient les commissaires civils ; toutefois ils crurent prudent d'évacuer le poste où ils se faisaient garder par l'élite des hommes de couleur. En se retirant, ils firent un appel aux nègres insurgés qui étaient aux portes de la ville, à leur disposition. Dans l'intérieur, les esclaves avaient reçu le mot d'ordre : à l'instant, la colonne commandée par le frère du général fut assaillie de toutes parts, la fusillade partit des portes et fenêtres de toutes les maisons, de tous les coins de rues qui furent bientôt jonchées de morts et de mourans. Les nègres de l'extérieur entrèrent la torche à la main, et mirent le feu dans vingt endroits de la ville. Le frère de Galbaud fut fait prisonnier et conduit aux commissaires, par les ordres desquels il fut enchaîné et traité avec une barbarie atroce. L'incendie s'étendait partout, il consuma les deux tiers de la ville ; d'un autre côté, les bâtimens de la rade étaient menacés du feu des batteries de deux forts qui la dominent ; mais on prit des mesures en enclouant les pièces de l'un de ces forts, qui pouvait le plus gêner la sortie ; enfin tout le convoi mit à la voile, sous l'escorte de plusieurs bâtimens de guerre ; et après vingt jours de traversée, il mouilla dans la rade d'Hampton, baie de Chesapeack, aux Etats-Unis d'Amérique.

Dans cet intervalle, les commissaires étaient rentrés au Cap, où ils avaient proclamé la liberté de tous les nègres qu'ils avaient appelés pour les défendre et brûler cette ville (1). Gorgés des pillages, ces révoltés se livrèrent à la licence la plus effrénée. Le désordre devint tel que les proconsuls en furent eux-mêmes épouvantés. Cependant rien ne pouvait arrêter leur plan ; il leur tardait de l'exécuter dans toute sa plénitude. Malgré l'expérience de l'anarchie qu'ils venaient d'introduire dans la province du Nord, ils se rendirent dans celle de l'Ouest, au Port-au-Prince, où, après avoir convoqué les principaux habitans, ils demandèrent leur adhésion à l'acte de liberté qu'ils voulaient étendre à tous les esclaves de la colonie. Sans égard aux représentations

(1) Le dommage causé par ce seul événement a été estimé deux cents millions.

les plus sages, fondées sur le propre intérêt de ces esclaves, la liberté générale fut proclamée avec une sorte d'appareil, et à l'instant les nègres désertèrent les ateliers.

Proscrits, persécutés, réduits au désespoir, les habitans dépêchèrent à la Jamaïque pour obtenir des secours; les Anglais se présentèrent d'abord à Jérémie, dont ils s'emparèrent à la fin de 1793, et successivement de Saint-Marc, de Léogane, du Port-au-Prince et du Môle-Saint-Nicolas.

Polverel et Sonthonax ayant exécuté les instructions de leurs commettans, et *fidèlement* rempli leur mission, prirent la fuite au moment de l'invasion du Port-au-Prince, et vinrent s'embarquer à Jacmel. Ils arrivèrent en France, peu de jours après la chute de Robespierre.

Une foule de leurs victimes gémissait alors dans les bastilles de la république, en vertu d'un décret de la convention, qui avait ordonné l'arrestation de tous les colons. Ce fut aussi à cette époque qu'elle ratifia les actes des commissaires civils, et qu'elle décréta la liberté générale des nègres dans toutes les colonies françaises.

Saint-Domingue, naguère si florissant, n'offrait plus alors que des ruines dans la province du Nord, gouvernée au nom de la république française par les sicaires de Polverel et de Sonthonax. Les parties de l'Ouest et du Sud présentaient encore des ressources ; mais le mulâtre Rigaud commandait aux Cayes en despote farouche. Il vint avec son armée attaquer Léogane, que les Anglais n'avaient pu fortifier ; cette ville fut évacuée après un combat opiniâtre. Les autres quartiers où flottait le pavillon britannique profitèrent des émigrations de ceux qui fuyaient la contagion de la révolte. Des ateliers nombreux, une force imposante et une surveillance sévère contribuèrent à la splendeur de ces quartiers, et le commerce le plus actif vint ajouter à la prospérité de ces contrées.

Dans cet intervalle, une nouvelle commission nommée par le directoire exécutif arriva au Cap. Sonthonax, qui avait survécu à Polverel, mort en France, était membre de cette commission dont faisait également partie l'homme de couleur Raymond, l'ami de Brissot, et qui avait suivi en France les intérêts de sa caste, en soudoyant avec l'or des blancs les meneurs de la faction européenne.

Le général Laveaux, qui n'avait pas quitté Saint-Domingue, n'exerçait son autorité que sous le bon plaisir des chefs de la première insurrection. Toussaint-Louverture lui avait inspiré de la confiance; il partagea le pouvoir avec cet homme, dont la dissimulation faisait tout le génie (1).

A peine les nouveaux commissaires furent-ils débarqués que les difficultés se multiplièrent pour eux. Toussaint, l'hypocrite Toussaint, affectant une entière déférence aux ordres de Laveaux, aspirait à le supplanter et à se débarrasser ensuite de ces hommes venus de France, qu'il regardait comme des obstacles à ses projets.

La division se mêla bientôt entre eux, et Sonthonax en fut encore l'artisan. Il contrariait les prétentions des hommes de couleur, soutenus par Raymond. Celui-ci voulait la prééminence de sa caste sur celle des noirs; celui-là ne connaissait que des hommes libres, et leur accordait une protection qui devait être funeste aux mulâtres.

Toussaint paraissait entièrement soumis à la

(1) Toussaint, esclave sur l'habitation des jésuites, avait été vendu, ainsi que tout le mobilier, après la suppression de ces religieux. Il appartenait à M. Bréda, propriétaire, au moment de la première insurrection, à laquelle il prit une part active. Il avait un grade supérieur dans l'armée des insurgés, sous le commandement du nègre Jean-François, qui s'est retiré depuis en Espagne.

commission; mais il observait et n'attendait que le moment de profiter des avantages que lui préparait la mésintelligence croissant entre ceux qui la composaient. Voici comment arriva leur défection : Raymond mourut dans la colonie, et Leblanc, qui s'était embarqué pour France, succomba, dans la traversée, des suites, dit-on, d'un empoisonnement.

Sonthonax restait seul dépositaire d'une autorité qui déclinait de jour en jour, à cause de l'ascendant qu'avait pris Toussaint, auquel le général Laveaux avait cédé le commandement; mais, pour sauver les apparences, Sonthonax usa des restes de son crédit et se fit nommer, ainsi que trois autres individus choisis dans les trois couleurs, députés de la colonie au conseil des cinq-cents.

Cette nomination se fit au Cap pour les trois provinces, sans aucune des formalités prescrites. Toussaint favorisa ces irrégularités à cause de l'intérêt qu'il avait de se débarrasser de Sonthonax. Celui-ci revint en France, et la députation dont il était membre fut admise.

Toussaint, ne se trouvant plus gêné par la présence d'aucun représentant du gouvernement français, réunit tous les pouvoirs, qu'il exerça dès-lors dans toute leur étendue. Après avoir réorganisé l'armée, il détacha quelques bandes contre les Anglais, dont l'administration faisait fleurir la province de l'Ouest. Ces excursions étaient inquiétantes; elles rendirent indispensable une augmentation de forces, et, par conséquent, un surcroît de dépenses onéreuses pour le gouvernement anglais. Il songea dès-lors à évacuer les parties qu'il occupait, et chargea le général Maitland de cette opération. Toutefois il était autorisé à s'y maintenir ou à les abandonner, selon qu'il jugerait convenable aux intérêts de son pays. Des combinaisons politiques lui firent adopter ce dernier parti; en conséquence, des négociations furent entamées avec Toussaint-Louverture, qui ne se montra point exigeant dans cette circonstance, pour lui très-heureuse. Les conditions ayant été arrêtées et signées, les Anglais évacuèrent successivement tous les points qu'ils occupaient depuis quatre ans.

Toussaint en prit possession au nom de la république française, dont il avait reçu le brevet de général en chef gouverneur de Saint-Domingue; à ce titre, le directoire exécutif avait ajouté l'envoi d'un sabre et d'une paire de pistolets de la manufacture de Versailles; enfin, ses deux fils avaient été admis au lycée colonial aux frais du gouvernement. Mais c'était bien peu connaître l'esprit de ce nègre artificieux et fourbe, que de croire à son attachement à la France, par le motif de tous ces bienfaits.

Maître des parties que les Anglais lui avaient remises, et qui étaient, sans contredit, les plus productives, il s'attacha à maintenir l'ordre qu'il y trouva établi, afin de profiter de toutes leurs ressources, et parce qu'elles lui devenaient nécessaires.

Cependant la présence de Rigaud dans le Sud était un obstacle à ses projets ultérieurs; il voyait en lui un rival de son pouvoir, il conçut l'idée de sa destruction.

Pendant qu'il faisait ses préparatifs, le général Hédouville arriva à Saint-Domingue en qualité d'agent du gouvernement français. Il n'avait point de troupes à sa disposition, la force morale était la seule qu'il pût employer; c'était encore avoir une idée bien fausse du caractère de Toussaint pour espérer de le ramener par les voies de la persuasion. Le général Hédouville fut complètement la dupe de sa dissimulation et de ses perfidies (1). Après

(1) Pendant le cours des négociations entamées pour concilier Toussaint et Rigaud, le général Hédouville envoya deux

avoir épuisé tous les moyens de conciliation entre lui et Rigaud, ce général se vit contraint de quitter la colonie et revint en France.

Son départ leva les derniers obstacles qui embarrassaient Toussaint dans ses projets contre Rigaud. Une guerre sanglante, mais courte, lui procura un triomphe complet; son rival abandonna la province du Sud, qui fut réunie aux deux autres.

Cependant, ombrageux et vindicatif à l'excès, Toussaint méditait l'entière destruction du parti qu'il venait de vaincre, et qui se composait d'hommes de couleur de tous les quartiers.

Leur position était critique; ils connaissaient trop bien leur ennemi pour ne pas chercher à se garantir de sa barbarie. Ils se rallièrent dans un quartier où ils espéraient pouvoir, en cas d'attaque, résister avec avantage; mais Toussaint, qui craignait leur ressentiment, et qui n'avait point oublié qu'ils étaient les moteurs

de ses aides-de-camp à Saint-Marc, où se trouvait Toussaint. Prévenu de leur mission, il fit dresser une embuscade dans laquelle ces deux officiers furent impitoyablement massacrés. Toussaint était aux pieds des autels et allait recevoir la communion lorsqu'on vint lui annoncer l'exécution de ses ordres; le sourire se peignit sur son visage.

des premiers troubles de la colonie, leur tendit des piéges, inonda de ses troupes les lieux où ils s'étaient retirés, et s'empara d'un grand nombre qu'il fit périr révolutionnairement.

Il en aurait éteint la race, si les blancs qui avaient sa confiance n'eussent imploré en faveur de ceux qui restaient épars et cachés; d'ailleurs, il voulait paraître clément, et les malheureux qui avaient échappé à ses fureurs ne pouvaient lui causer aucune inquiétude.

Toussaint, quoique dans un âge assez avancé, joignait, à un certain tact en affaires, beaucoup d'activité. Sa principale ambition était de devenir le législateur de la colonie, et de la rendre indépendante. Partout il rétablissait l'ordre par des moyens de violence; à sa voix, les nègres rentraient dans les ateliers, et la terreur de son nom inspirait la soumission et le respect. Il punissait sévèrement les moindres fautes, et savait choisir les hommes les plus propres aux affaires, dont il se réservait exclusivement la direction. Il était infiniment dangereux de lui faire connaître une supériorité de talens; il fallait se résoudre à être l'instrument passif de ses volontés.

Lorsque Toussaint eut rétabli le calme dans la partie française, il prit la résolution de s'emparer de la partie espagnole, qui avait été cédée à la France par le traité de Bâle ; ce traité n'avait pas jusqu'alors reçu son exécution, et il semblait que Toussaint ne devait agir que d'après les ordres du gouvernement français. Mais il commençait à s'habituer au pouvoir suprême, et il ne prenait plus conseil que de lui-même. Depuis long-tems il avait envoyé à Santo-Domingo le sieur Roume Saint-Laurent, l'un des membres de la première et de la troisième commission civile, afin de lui préparer les voies de cette prise de possession.

Les autorités espagnoles n'étaient pas disposées à remettre leur territoire à Toussaint, quoiqu'il parlât au nom de la France ; elles demandaient un ajournement motivé sur ce que cette remise devait être précédée de formes voulues par le traité même. Toutes ces représentations furent inutiles ; incapable de fléchir, et sachant d'ailleurs que son pouvoir ne pouvait lui être disputé, Toussaint envoya son frère Paul Louverture à Santo-Domingo pour en prendre le commandement et administrer sous ses ordres. La crainte d'une irruption de ses bandes détermina les Espagnols, ils se soumirent à la domination de Toussaint ; qui se contenta de cette prise de possession, et leur laissa le libre exercice de leurs mœurs et de leur religion. Il la considérait lui-même comme un frein nécessaire à opposer à la masse d'hommes qu'il avait à gouverner dans la partie française, aussi ne manquait-il jamais à ses exercices avec une dévotion outrée.

Depuis qu'il n'avait plus de rivaux, sa conduite politique vis-à-vis de la France devint plus qu'équivoque ; déjà il n'admettait plus dans la colonie que les personnes porteurs de passeports étrangers ; il sentit qu'il fallait prendre un parti, il s'y livra avec tous les ménagemens de l'hypocrisie.

Un plan de constitution lui fut présenté, il l'adopta, et cet acte ajoutant de l'éclat à sa puissance, marqua ses premiers pas dans la carrière de l'indépendance, qui avait été l'objet de ses méditations. Conformément à sa constitution, tous les pouvoirs furent organisés, les cultures florissaient sur-tout dans les provinces de l'Ouest et du Sud, où les insurrections avaient été moins violentes que dans le nord, les revenus de Saint-Domingue étaient dans une proportion satisfaisante, et l'on peut dire que sous le gouvernement de Toussaint il y eut une prospérité relative.

CHAPITRE V.

Expédition du général Leclerc. Incendie de la ville du Cap. Massacre des blancs dans plusieurs quartiers de la colonie. Affaire de la Crête-à-Pierrot. Fautes du général. Arrestation de Toussaint. Son embarquement. Nouvelles insurrections. Guerre extérieure. Evacuation de la colonie. Nouveaux massacres. Mort de Dessalines. Partage de la colonie.

La France était sous le gouvernement consulaire, et Buonaparte avait été heureux à Marengo. L'ambition du pouvoir occupait toute sa pensée. Comme il ne pouvait étendre au-delà de l'Europe les conquêtes qu'il projetait, la France devait être toute militaire sur le continent.

Cet état de choses convenait parfaitement à Toussaint-Louverture, qui pouvait affermir sa puissance à Saint-Domingue. Quoiqu'il affectait encore de gouverner cette colonie au nom de la république consulaire, il s'en détachait insensiblement par des actes caractéristiques de souveraineté. Et il est à remarquer qu'il était appuyé en France par le parti qui était le plus opposé par principes à son indépendance; on l'en défendait comme d'une calomnie. Mais arriva l'époque de la paix d'Amiens, qui fit rentrer dans l'intérieur les armées auxquelles Buonaparte devait ses triomphes et sa gloire. Dans sa politique farouche il comprenait la pensée de se garantir des effets de leur état d'inertie; il voyait d'un œil inquiet et jaloux l'armée du général Moreau, qui n'avait pas peu contribué à ses victoires; il résolut de l'éloigner! On lui parla de Saint-Domingue et du chef qui commandait cette colonie; il n'en fallut pas davantage pour électriser un homme de la trempe de Buonaparte: il ordonna l'expédition de Saint-Domingue.

Il eût sans doute été sage de consulter les hommes qu'une longue expérience des localités pouvait éclairer, mais on les écarta, on les repoussa; le mulâtre Rigaud fut seul écouté; il avait des vengeances à satisfaire, on le jugea propre à un commandement. En conséquence, il fut compris dans le cadre de cette armée de généraux de tous grades que la paix venait de réduire à l'état d'inactivité. De nombreux états-majors, des bataillons complets d'employés civils et militaires furent appelés dans cette expédition, dont Buonaparte confia le commandement à son beau-frère, le général Leclerc.

Elle parut sur la côte de Saint-Domingue en février 1802. Toussaint fit ses préparatifs, c'est-à-dire qu'il donna l'ordre de l'incendie et du massacre général des blancs. Il savait que Rigaud, son plus implacable ennemi, était employé dans l'expédition, et dès-lors il ne la considéra plus que sous le rapport hostile.

Cependant le capitaine-général avait pensé que le déploiement d'un grand appareil suffirait pour imposer à Toussaint ; il différa long-tems le débarquement de son armée. Les intervalles furent remplis par des tentatives de négociations qui n'eurent aucun résultat. Toussaint refusa même deux fois de recevoir ses enfans, que le directeur du collège où ils avaient été élevés lui présenta comme gage des bonnes intentions de la France à son égard.

Toutes démarches ayant été inutiles, l'attaque fut décidée. L'escadre entra dans la rade du Cap sans éprouver une grande résistance de la part des forts qui la dominent ; mais au même instant les flammes se développèrent, l'incendie de la ville fut général. Les troupes étant débarquées, firent leurs efforts pour en arrêter les progrès effrayans. La ville était déserte, les habitans qui n'étaient pas tombés au pouvoir de l'ennemi s'étaient cachés dans les cavités des montagnes environnantes; ils ne reparurent que lorsque les Français furent maîtres de la place.

Je ne prétends point blâmer les démarches conciliatrices du capitaine-général; mais il est certain qu'une action prompte eût préservé le Cap et ses habitans.

Le général Boudet, commandant une division, parut en même tems devant le Port-au-Prince, où ses soldats entrèrent au pas de charge. Il aurait complété sa victoire s'il eût poursuivi dans la plaine les nègres épouvantés qui avaient entraîné dans leur fuite quatre cents blancs qu'ils massacrèrent le lendemain au pied des montagnes.

Le département du Sud, sous le commandement de Laplume, l'un des généraux de Toussaint, avait accueilli les troupes françaises; il goûtait les fruits d'une tranquillité bien précieuse et semblait former une colonie séparée; il se serait maintenu dans cet état si l'on eût empêché Rigaud de paraître. Le général en chef ne tarda pas à s'apercevoir combien la présence de cet homme dans la colonie était dangereuse, et combien il aurait dû se méfier de son ressentiment; il le fit embarquer.

Après avoir joui du massacre de dix-huit

cents victimes immolées par les soins de Dessalines, l'exécuteur de ses ordres sanguinaires, Toussaint avait fait sa retraite sur l'habitation Descahaux, dans la dépendance des Gonaïves. Le morne de la Crête-à-Pierrot lui paraissait être inaccessible à l'audace de nos soldats; il entoura sa cime de fortifications que, dans le délire de sa pensée, il regardait comme inattaquables. C'était le dernier effort qu'il voulait opposer au courage d'une armée dont la bravoure avait triomphé de toutes ses résistances.

Le général Rochambeau, à la tête de sa division, après avoir emporté le Fort-Dauphin, prenant sa route par les montagnes les plus difficiles, et de cette extrémité de la colonie chassant les brigands devant lui, vint effectuer sa jonction à Saint-Marc et au Port-au-Prince avec deux divisions du général en chef et du général Boudet. Un seul noyau de douze à quinze cents hommes tenait à la Crête-à-Pierrot. Il eût été sans doute plus convenable de s'en tenir au simple blocus de ce morne, que Dessalines défendit en personne pendant quelque tems; mais le général en chef en jugea autrement: en débusquant les noirs de ce dernier refuge, il voulut leur imprimer une grande terreur de ses armes et les bien persuader qu'aucun abri ne pouvait désormais les garantir. Cependant, en sacrifiant devant ce rocher la fleur de son armée, il n'avait pas calculé qu'il leur apprenait à profiter des positions pour lui résister avec avantage. Quand ils eurent épuisé leurs vivres et leurs munitions, les nègres évacuèrent ce dernier repaire, et bientôt après Dessalines et Toussaint firent leur soumission au général en chef.

Ainsi, en moins de trois mois, l'armée expéditionnaire, forte au plus de quinze mille hommes à son arrivée dans la colonie, avait dispersé toutes les forces de Toussaint et fait évanouir ce prétendu colosse de puissance devant l'autorité légitime du général en chef.

Mais, dira-t-on, par quelle fatalité une expédition aussi heureusement commencée n'a-t-elle bientôt plus offert que l'issue la plus funeste ? Par une raison toute simple : parce qu'on n'a pas su conserver dans le cabinet le même aplomb que sur le champ de bataille, parce qu'il ne fallait pas débuter dans l'administration par une marche douteuse et équivoque, parce que les opinions sur le système colonial ont été divergentes, parce qu'au lieu d'appeler des colons sages, on a repoussé leurs conseils en leur supposant de vieux préjugés sur lesquels leur propre intérêt les portait à transiger, parce qu'il ne fallait pas confier à des nègres le désarmement d'autres nègres (1) ; enfin, parce que la guerre extérieure a subitement facilité les opérations des rebelles, qui ont profité des avantages qu'on leur avait faits, et de l'épuisement où se trouvait l'armée par le défaut d'une bonne administration.

Mais le général en chef fut dominé ou fortement influencé par l'opinion qui, à cette époque trop rapprochée de la révolution, prévalait encore parmi quelques généraux de son armée.

Au moment où il venait d'organiser les pouvoirs dans la colonie qu'il avait conquise, au lieu de prévenir le feu d'une nouvelle révolte, il adopta les moyens de le rallumer. Il crut à la bonne foi de Toussaint, à celle des autres chefs

(1) Dessalines, instigué par quelques chefs militaires français, préparait sourdement sa révolte; en conséquence, il persuada au général en chef que, pour faciliter le désarmement des nègres, il y fallait aussi soumettre les blancs; ce qui eut lieu. Il avait été nommé inspecteur-général des cultures, et cet emploi lui donnait un grand avantage ; il en profita, et fit désarmer sur les habitations, principalement les noirs qui n'avaient point voulu participer à sa première révolte, et qui s'étaient toujours distingués par leur attachement aux blancs. Des ordres du capitaine-général avaient contraint ceux-ci de rentrer sur leurs habitations; ils y furent tous massacrés.

qui agissaient secrètement d'après ses ordres ; il facilita leur trahison. Elle éclata au moment où la mortalité, que Toussaint avait regardée comme un puissant auxiliaire, avait déjà fait de grands ravages dans l'armée ; mais cet homme dangereux venait d'être arrêté près de l'habitation où il tramait ses complots. Son embarquement pour la France fut ordonné par le général en chef dont les yeux s'étaient dessillés à la vue des preuves matérielles de ses noires perfidies.

L'arrestation des complices de Toussaint aurait dû et pouvait être en même tems exécutée; alors la colonie serait indubitablement restée au pouvoir des Français, elle eût été conservée à la France malgré la guerre extérieure ; mais on ne voulut pas prévenir les projets évidens des lieutenans de Toussaint, et son embarquement ne fut qu'une demi-mesure qui en accéléra l'exécution.

Dessalines, ce grand exécuteur des massacres, dont il avait toujours fait ses affreuses délices, Dessalines, à qui la couleur blanche faisait le même effet que l'eau présentée à des hydrophobes, avait succédé à Toussaint-Louverture dans l'opinion secrète de toute sa caste. Revêtu d'un commandement très-étendu, il puisa dans l'exercice de son autorité même les moyens faciles d'une trame contre le gouvernement. Aidé par ses satellites, il souffla, il répandit l'esprit de révolte dans les principaux quartiers de la province du Nord. Le débordement rapide de ses bandes occasionna subitement la perte du Fort-Dauphin, du Port-de-Paix, du Borgne, et autres cantons importans.

Ces évacuations inattendues furent exécutées avec tant de précipitation, que des soldats furent abandonnés dans la confusion de tous ces mouvemens; bientôt après, les masses impétueuses de l'ennemi, guidées par des généraux qui, la veille, étaient encore rangés sous les bannières françaises, et recevaient les témoignages flatteurs d'une bienveillance trompée, attaquèrent la ville du Cap avec toute la violence de leurs efforts, et dans l'espoir qu'un parti intérieur favoriserait leur entreprise et rendrait pour eux la victoire certaine.

C'est alors que se développa cette énergie tant de fois éprouvée de la garde nationale, dont les prodiges de valeur dissipèrent en un instant les gardes rebelles et firent l'étonnement du général en chef. Jusqu'à cette époque, elle avait été l'objet de ses préventions; il avait cru voir dans les habitans une passion récriminante, des préjugés redoutables, des sentimens nuisibles au rétablissement de l'ordre ; le bandeau fut déchiré, les illusions détruites, les erreurs reconnues et hautement abjurées. On se livrait à l'espérance d'un meilleur avenir, lorsque la mort enleva le général Leclerc à la colonie.

Malgré les secours arrivés d'Europe, l'insurrection faisait des progrès effrayans ; les revers s'enchaînaient, et l'observateur vit avec peine qu'on agissait en sens contraire des opérations qui les auraient au moins balancés par quelques succès.

Les départemens de l'Ouest et du Sud furent en peu de tems forcés, et devinrent bientôt un théâtre de carnage et de désolation.

Pendant ces conjonctures désespérantes, quels remèdes le général Rochambeau, à qui le gouvernement de la colonie était dévolu, cherchait-il à appliquer à ces plaies douloureuses ? Enfoncé dans son palais, au milieu d'une cour voluptueuse, foulant aux pieds les soins et les devoirs que lui prescrivait l'état des choses, il cherchait dans l'ivresse des plaisirs à se consoler de l'affliction publique ; par ses ordres, on noyait des nègres et mulâtres; il donnait des fêtes......! Mais je m'arrête, je sens trop combien il est pénible de rappeler des faits honteux pour l'honneur français, et, par cette raison, je tairai ceux qui se rattachent à la conduite particulière de ces généraux, encouragés par l'exemple du chef de la colonie, et renchérissant sur lui par des exactions et par leur cupidité (1).

A peine venait-on de recevoir l'avis des nouvelles difficultés survenues entre le gouvernement français et celui d'Angleterre, que déjà les Anglais déployaient le menaçant appareil

(1) Il est juste de consacrer ici des exceptions méritées. Le général Desfourneaux, qui n'est resté dans la colonie que pendant les six premiers mois de l'expédition, avait contribué par ses connaissances locales et par sa valeur aux premiers succès de nos armes.

Les généraux Claparède, de Noailles, Clausel, Dhenin, Pajot, Brunet, Lalance, Thouvenot et Pamphile de Lacroix ont honoré leur caractère par leurs qualités héroïques et par leur désintéressement; on leur doit cette justice, qu'ils n'ont rien négligé pour protéger et sauver les habitans.

La marine a aussi des droits à la reconnaissance publique, et je me fais un devoir de lui signaler le vice-amiral Willaumès, qui commanda plusieurs stations en qualité de capitaine de vaisseau. Cet officier supérieur savait joindre la prudence à l'activité : c'est ainsi qu'il préserva plusieurs quartiers de la colonie des malheurs qui ne les accablèrent qu'après l'évacuation. Mais ce qui doit rester à jamais gravé dans la mémoire des vrais amis de l'humanité, c'est la conduite honorable qu'il tint dans la rade des Cayes, en repoussant de son bord les canots qui lui amenaient des victimes à sacrifier. « Eloignez-

de la guerre extérieure. Saint-Domingue voyait leurs escadres actives appeler à l'entour de ses côtes la famine et tous les fléaux qui forment son cortége ; le signal de leurs hostilités fut l'arrêt de la perte de cette colonie, et le premier bruit de leurs canons devint pour elle le coup de la mort.

La disette fut le prétexte de l'évacuation subite de plusieurs quartiers qui tombèrent au pouvoir de Dessalines, et le rendirent plus entreprenant. Il vint ensuite prendre des positions à trois lieues du Port-au-Prince, où l'on attendait un convoi protégé par trois cents hommes. Il avait été convenu avec le général Lavallette, commandant cette place, qu'au signal de trois coups de canon un renfort de quatre cents hommes serait envoyé à la rencontre du convoi et attaquerait par derrière

vous ! cria-t-il aux chefs de ces embarcations ; éloignez-vous ! La frégate que je commande ne sera point le tombeau de ces hommes, objets de votre rage et de votre désespoir..... »

Les colons n'oublient pas non plus les traits de dévouement et de courage qui, à l'époque de l'évacuation du Cap, ont si bien caractérisé M. Cocherel, alors lieutenant de port, aujourd'hui capitaine de frégate. Il s'était déjà fait remarquer pendant le cours de l'expédition ; il compléta ses preuves au moment du danger, et beaucoup d'habitans lui doivent leur salut.

l'ennemi, qui, se trouvant ainsi pressé de toutes parts, serait incapable de maintenir longtems ses embuscades. Le signal s'effectua, il fut distinctement entendu au Port-au-Prince, mais on oublia le secours promis. Le convoi fut sacrifié, et Dessalines, encouragé par un succès que lui-même n'avait pas osé attendre, affecta bientôt le ton hardi d'un général familiarisé avec la victoire. Deux jours après, il envoya sommer Lavallette de lui remettre la place soumise à son commandement; sur son refus, Dessalines fit établir une batterie de deux pièces sur un mornet dominant la poudrière de la ville, et menaçant l'hôpital militaire. Il fit également prendre position sur une autre éminence, d'où les boulets traversaient la ville dans toute son étendue. C'est alors que le général Lavallette dépêcha deux parlementaires à ce même Dessalines auquel il avait précédemment fait dire que jamais il n'aurait l'opprobre de traiter avec lui, et qu'il se défendrait avec cette inépuisable valeur du militaire français. Les négociations s'établirent, on convint de huit jours pour évacuer la place, on s'obligea, par conventions verbales, à laisser les forts en bon état, l'arsenal pourvu de ses munitions, la ville intacte, et l'exécution de ce traité fut garantie par la foi des otages. Le chef d'administration fut chargé de donner à chacune des autorités civiles la connaissance officielle de toutes ces dispositions, et il désigna aux chefs militaires les bâtimens destinés au transport des troupes (1). Enfin, l'évacuation s'accomplit, et pendant les trois jours qui la précédèrent, on débitait au prix de 8 piastres fortes (40 francs, argent de France) le baril de farine qui se vendait 250 francs avant cette époque. Ainsi, les précieuses ressources qui permettaient de faire une longue résistance se

(1) Des ordres avaient été également transmis pour l'embarquement des archives. Comme membre de la cour d'appel, je fus chargé de l'exécution de ces ordres. Après la capitulation, le général Lavallette me fit connaître qu'il ne pouvait accorder de place que pour un certain nombre de caisses et boucauts. Me trouvant circonscrit, je m'attachai en ce qui concernait les minutes des greffes, à l'époque où l'on avait cessé d'envoyer des duplicata au dépôt des chartes de Versailles, c'est-à-dire depuis 1789 inclusivement jusqu'au jour de l'embarquement. La colonie cessait d'être française, et passait au pouvoir de ces hordes insurgées, dont les chefs avaient suffisamment prouvé l'intention d'une entière dévastation. Il était donc important de leur soustraire au moins tout ce qui constituât les intérêts civils des colons, ceux du commerce français et des familles françaises. En conséquence, outre les minutes des greffes, j'embarquai celles des notaires, les papiers relatifs aux successions vacantes, et les registres de l'état civil. Le convoi fut pris le lendemain de sa sortie du Port-au-Prince

trouvaient effrontément étalées en vente, et les preuves d'abondance étaient données comme une dérision de la conduite du général qui avait proposé la remise de la place.

Vers la même époque, les villes des Cayes et de Saint-Marc furent évacuées par suite de capitulations qui n'obtinrent pas l'assentiment du général en chef; mais bientôt lui-même se soumit à la loi d'un nègre féroce, qui lui accorda dix jours pour sa retraite. En vain l'Anglais offrit des conditions qui assuraient le salut de tout un peuple désolé. Rochambeau pré-

et conduit à la Jamaïque, où ces archives et minutes ont été retenues et mises en dépôt dans les magasins de Port-Royal. Cependant le gouverneur anglais, après m'avoir permis de coopérer au placement de tous ces papiers, ordonna qu'il m'en serait délivré un récépissé. Devenu libre, je l'ai déposé, ainsi que les procès-verbaux par moi dressés, à l'agence française de Saint-Iago de Cuba. A mon retour en France, en 1805, j'ai adressé une expédition régulière de ces pièces au ministre de la marine, en lui retraçant toutes les précautions que j'avais prises dans l'intérêt général. Un simple accusé de réception a été ma récompense; je n'ai été payé ni de mes frais, ni de la solde du traitement qui m'est dû en ma qualité de juge en la cour d'appel. Il est vrai que je ne devais rien espérer d'un gouvernement qui ne tenait aucun compte des services rendus dans une expédition malheureuse; j'ai gardé le silence. J'avais pensé que le rétablissement de la dynastie légitime allait procurer aux colons de Saint-Domingue quelque amélioration....... Hélas! combien ils ont été trompés! combien ils le sont encore!

féra avilir l'étendard de la patrie devant un nègre révolté ; il lui abandonna avec une froide indifférence un arsenal superbe, des forteresses redoutables, l'abondance des munitions et de tous les instrumens de guerre ; il abandonna dans les hôpitaux un nombre prodigieux de malades, et on sollicita pour eux la générosité des cannibales. Il abandonna des subsistances qui auraient nourri, pendant deux mois, une armée qu'on se hâta d'aller rendre prisonnière de guerre à bord des vaisseaux anglais ; enfin Rochambeau lui-même se livra et fut conduit à la Jamaïque.

Le général Ferrand, qui se trouvait à cette époque à Montéchrist avec une poignée d'hommes, ne pouvant soutenir cette position, se dirigea sur Santo-Domingo, où il organisa un gouvernement et une administration d'autant plus dignes d'éloges, qu'il s'attacha la population espagnole, en lui conservant ses mœurs et ses préjugés. Il s'y serait maintenu, sans la guerre aussi impolitique qu'atroce, suscitée par Buonaparte dans la péninsule. L'exaspération fut répétée dans les possessions espagnoles aux Indes occidentales ; et après six ans d'une occupation paisible, sous un gouvernement sage et modéré, cette partie de Saint-Domingue fut rendue à ses premiers possesseurs, que les Anglais avaient aidés pour la reconquérir. Le général Ferrand n'avait pas voulu survivre à la douleur que lui causait la défection d'un peuple dont il se croyait aimé; il se donna la mort huit mois auparavant la capitulation de Santo-Domingo et l'évacuation du pays.

Dans cet intervalle, les habitans de la partie française s'étaient dispersés; un grand nombre réfugiés à Saint-Iago de Cuba y recevaient l'hospitalité la plus généreuse; mais à l'époque de la guerre de la péninsule, qui fit exécrer le nom français par tous les Espagnols, ces malheureux furent impitoyablement expulsés des lieux qu'ils enrichissaient par leur industrie. Forcés d'abandonner les propriétés qu'ils avaient acquises, ils se répandirent dans les autres colonies, dans les possessions anglo-américaines, et en France, où ils sont réduits à une chétive aumône, qualifiée de secours, arbitrairement répartis.

Cependant, il en était resté dans chacune des villes de Saint-Domingue tombées au pouvoir des insurgés. La perspective de l'infortune leur avait fait préférer ce parti; ils ne pouvaient croire qu'on les rendrait responsables de crimes dont ils n'étaient ni les auteurs ni les complices. Le féroce Dessalines les fit tous massacrer; il n'excepta que ceux dont la profession lui était utile : c'est ainsi que furent épargnés quelques médecins, chirurgiens, apothicaires, enfin des hommes d'arts et métiers.

Après avoir satisfait ses vengeances par cette expédition sanguinaire, Dessalines se fit proclamer empereur d'Haïti, et prétendit à la souveraineté entière de l'île. Mais les hommes de couleur avaient fait l'expérience de ses cruautés sous le gouvernement de Toussaint; ils soupçonnaient avec raison qu'ils étaient destinés à devenir ses victimes; en conséquence ils jugèrent prudent de se rallier, et se donnèrent pour chef Péthion, qui s'était distingué dans les dernières circonstances. Il justifia bientôt leur confiance, et dans une embuscade qu'il avait préparée à peu de distance du Port-au-Prince, Dessalines reçut le coup mortel.

Dès ce moment les deux partis se séparèrent; l'armée noire se retira dans le Nord, et Péthion rentra au Port-au-Prince, mettant une barrière entre cette province et celles de l'Ouest et du Sud. Il s'éleva ensuite une question, celle de savoir si la colonie passerait tout entière sous la domination de Christophe, successeur de Dessalines, ou bien sous le gouvernement de

Péthion; si elle serait monarchique ou républicaine. Dans tous les cas, les deux chefs étaient d'accord sur l'indépendance, mais ni l'un ni l'autre ne voulurent céder leurs prétentions, soit pour la forme du gouvernement, soit pour la suprématie. Christophe se fit proclamer roi d'Haïti sous le nom de Henri Ier (1). Péthion prit le titre modeste de président de la république haïtienne. Le premier modela sa cour sur celle de Buonaparte, le second voulut être le Wasinghton de la colonie. Ces deux contendans eurent recours à la voie des armes; les combats qu'ils se livrèrent n'ayant point eu de résultats décisifs, ils prirent le parti de se retirer chacun dans ses limites, laissant inhabité un espace de vingt lieues de pays autrefois très-fertile, aujourd'hui inculte. Le seul avantage pour Péthion fut d'avoir eu pour rival le barbare Christophe, dont les cruautés produisirent des défections dans ses troupes, et procurèrent des transfuges à son ennemi.

Péthion avait des qualités personnelles, et sa mort a laissé, dit-on, des regrets qui ne peu-

(1) Il est créole de l'île Saint-Christophe, colonie anglaise. Avant la révolution, il était maître-d'hôtel à l'auberge de la Couronne, au Cap, et il a eu l'honneur de servir à boire à des personnes qui sont devenues ses sujets.

vent s'effacer que par le caractère de son successeur, sur lequel les opinions sont partagées.

CHAPITRE VI.

Etat actuel de la colonie de Saint-Domingue. Dépérissement des cultures. Conséquences funestes pour la France. Conclusion.

LA manie des systèmes porte souvent à trancher sur les questions les plus importantes ; c'est ainsi qu'on traite aujourd'hui celle qui se rattache à la colonie de Saint-Domingue : l'ignorance et l'esprit de parti s'en emparent, l'intérêt particulier intervient souvent dans ces discussions, et l'intérêt de la France n'est considéré que comme un accessoire indifférent. Un philosophe de trente ans fait rarement plier son amour-propre ; il est vain, tranchant ; demandez-lui son opinion sur Saint-Domingue ; il ne considérera point les avantages d'une telle possession, il dissertera sur les antécédens sans les connaître, et s'il est confondu dans ses raisonnemens, il s'écriera : Eh bien ! *périssent les colonies plutôt que les principes !* Et voilà ce qui s'appelle *soutenir les intérêts moraux de la révolution!*

J'ai indiqué, au commencement de cet ouvrage, les causes qui ont produit diverses agitations à Saint-Domingue ; jamais personne ne les avait fait connaître comme la source des premiers troubles, j'ai prouvé que l'insurrection des nègres avait été provoquée par les hommes de couleur, instruments de la Société des amis des noirs ; j'ai dû renverser tout l'échafaudage monté par ces libéraux, autrefois révolutionnaires, à Saint-Domingue, contre les grands propriétaires : c'était là mon but principal ; il fallait bien substituer la vérité au mensonge ; j'ai rempli cette tâche en m'appuyant de pièces authentiques ou de faits matériels ; enfin j'ai déroulé aux yeux du lecteur la série des crimes qui ont ensanglanté cette colonie.

S'il est incontestable que ce pays, en proie aux incendies, aux dévastations et au carnage, avait éprouvé depuis douze ans une diminution considérable dans sa population (1), il est hors de doute que cette diminution a dû être plus sensible après la fatale expédition du général

(1) On estimait qu'elle était en 1802 réduite d'un tiers pour les nègres, de moitié pour les hommes de couleur et des trois quarts pour les blancs.

Leclerc. Les naissances ont-elles compensé l'effrayant résultat des guerres sanglantes qui ont eu lieu après cette expédition? Il est difficile de le croire, quand on considère que le nègre, naturellement insouciant, privé des soins qui lui étaient autrefois prodigués, a dû succomber aux maladies souvent épidémiques, dans l'éloignement des secours que ses nouveaux maîtres, d'une insouciance égale, ne songeaient point à lui porter.

Ces données sont exactes, quoi qu'on en puisse dire. Si elles sont démenties, ce ne peut être que par des spéculateurs intéressés à présenter la colonie de Saint-Domingue sous un aspect satisfaisant.

Toutefois, les voyageurs ne sont pas d'accord entre eux; leur opinion est fondée sur leur position, c'est une marchandise qu'ils colportent dans l'espoir de tirer meilleur parti du courtage. J'en ai vu plusieurs, et je les ai tous confondus par leurs propres raisonnemens. Je n'avais entendu que des récits auxquels j'appliquais ce vieil adage: *beau mentir qui vient de loin*, lorsque j'ai eu connaissance d'un ouvrage publié à la fin de 1818 par M. Rouzaud (du Loiret). Cet ouvrage est le résultat des observations qu'il annonce avoir faites sur les lieux, dans son voyage de 1817 à 1818. Il ne parle que de la république d'Haïti, qu'il a parcourue en observateur de ses forces, de ses moyens physiques et moraux, et du caractère national de ses habitans. Il débute par nous informer qu'il a acquis la certitude que par une délibération prise en conseil secret du cabinet de sa majesté britannique, l'Angleterre a tacitement reconnu l'indépendance de cette république. M. Rouzaud fonde sa conviction sur les avantages que la puissance anglaise obtient sur les autres nations, dans le prix des droits d'importation et d'exportation, dans la protection toute particulière que le pavillon anglais et le commerce reçoivent du roi et du président d'Haïti. Il conclut de ses observations qu'il n'y a plus rien à espérer pour les colons, et qu'ils peuvent maintenant faire leur deuil de leurs propriétés. S'il en est ainsi, M. Rouzaud aurait pu conseiller d'étendre ce deuil à toute la France ; car il ne s'agit pas seulement de l'intérêt des colons, mais de celui du commerce français et de l'industrie française. Au surplus, je commence par révoquer en doute la reconnaissance que le gouvernement anglais aurait faite de l'indépendance de la république haïtienne. Je veux bien croire à la protection toute particulière que reçoivent les Anglais dans ce pays, pour leurs relations commerciales, même à celle qui est accordée aux autres nations, à l'exclusion des Français. Mais je ne crois point à un acte de l'espèce citée par M. Rouzaud, parce qu'il est inutile à la politique anglaise; je m'abstiens de toute autre réflexion.

Ainsi, dans le droit, la colonie appartient toujours à la France. Reste maintenant la question relative à la possession de fait.

L'auteur prétend que cette question est résolue par les obstacles insurmontables qui doivent résulter de l'attitude de ce pays, considéré sous le rapport des moyens physiques et moraux, et sur-tout de l'intérêt de ses nouveaux propriétaires.

Je ne conteste point des obstacles, mais je ne les vois que dans les chefs habitués au pouvoir et dans quelques prolétaires gagnés par des récompenses et des faveurs. Quel qu'en soit le nombre, il est infiniment au-dessous de cette masse d'hommes pour qui la servitude légale est convertie en un esclavage de fait, et qui n'aspirent qu'à leur délivrance. Voilà ceux qui doivent exciter la sollicitude des vrais amis de l'humanité! Qu'ils comparent l'état des nègres, autrefois l'objet des soins d'un bon maître, aujourd'hui courbés sous le joug de ces tyrans, naguère leurs égaux, qui ne connaissent d'autres lois que leurs volontés mobiles. Jadis les nègres avaient une existence assurée, ils n'avaient point à redouter le dénuement, l'embarras où se trouvent en Europe tant de journaliers, quand la maladie vient les surprendre. Leur insouciance naturelle, leur imprévoyance était garantie non pas seulement par humanité, mais encore par intérêt. Maintenant, soumis aux caprices de leurs nouveaux maîtres; ouvriers, cultivateurs et soldats, tous se livrent aux horreurs de la licence, décorée du nom de liberté, et vivent dans l'état de servitude que la force leur impose.

Il est possible que dans la république haïtienne l'administration soit plus supportable que sous le gouvernement de Christophe; mais je n'en demeure pas moins convaincu que le système n'est nullement propre à l'amélioration des cultures, je dirai plus, à la civilisation; je n'ai besoin pour cela que de citer les observations de M. Rouzaud. Il nous dit (page 3 de sa brochure) que « la belle plaine du Port-» au-Prince, celles non moins intéressantes de

» Léogane et des Cayes, autrefois si bien cul-
» tivées, si bien meublées (1), sont à présent
» en savanes (2), où à peu près la culture, qui
» ne peut s'étendre que lentement, n'atteindra
» de plusieurs siècles, peut-être jamais, l'état
» florissant et de produit du passé. Les bras
» ne manquent point, mais ils ne s'emploient
» pas, ou s'emploient très-peu. » Voilà ce que dit M. Rouzaud, dont l'opinion n'est point suspecte : d'où l'on doit conclure que les contrées qui ne sont point cultivées ou qui le sont avec lenteur, ne produisent rien ou peu de chose, et par conséquent qu'il y a peu de ressources pour le commerce. Ce serait aussi une erreur de le juger d'après les résultats de quelques spéculations entreprises par des hommes hardis ou favorisés, et qui ont pu tirer un parti avantageux de quelques milliers de café, cueillis avec effort au milieu des plantes sauvages qui couvrent toutes ces belles plantations (3). On s'est bien gardé de divulguer les moyens employés depuis plusieurs années pour faire

(1) Il entend parler des nègres d'habitations.

(2) Ce sont des prairies naturelles ou des terrains couverts de bois et halliers.

(3) Il est arrivé très-récemment un navire venant de l'un des ports de la république haïtienne, et où, faute de denrées qu'il n'a pu se procurer, il a composé sa cargaison d'oranges et de citrons.

croire à la restauration progressive de Saint-Domingue, au moins des quartiers de cette colonie qu'on prétend être le plus sagement administrés. Les bonnes gens sont persuadés que les bâtimens qui sortent de ses ports sont chargés de denrées du cru ; ils ne savent pas qu'elles proviennent des îles voisines, qu'elles sont francisées comme venant de Saint-Domingue, réputé colonie française, et que c'est ainsi qu'elles obtiennent l'affranchissement des droits extraordinaires ; ce qui tourne au profit de l'étranger et de quelques spéculateurs libéraux par intérêt.

Ces faits sont exacts, et la cupidité seule en a détourné la connaissance. Depuis que la France est rendue à ses légitimes souverains, on a tourné les regards vers Saint-Domingue ; et dans deux rapports très-lumineux faits à la chambre des députés, l'un par M. le général Desfourneaux le 16 septembre 1814, et l'autre par M. Lainé le 14 octobre suivant, l'attention a été appelée sur cette colonie autrefois si florissante, sur la nécessité de réparer ses désastres, enfin sur l'importance de sa possession. Les deux rapporteurs ont été d'avis qu'une expédition devait être précédée de renseignemens sur l'état de cette contrée, et qu'il était convenable de s'en remettre à cet égard à la prudence du gouvernement. Divers projets particuliers sur les moyens de rentrer à Saint-Domingue ont été publiés à la même époque et depuis : tous garantissent la réussite, les uns par la voie des armes, les autres par celle d'une mission préparatoire. Ce dernier moyen a été adopté en 1816.

Des hommes très-estimables et sur-tout bien intentionnés ont été chargés d'aller sonder les dispositions du chef de la république d'Haïti, de lui faire des offres, et d'obtenir sa soumission à des conditions avantageuses. Elle a échoué cette commission, et cela devait être : le début des commissaires était déjà un sujet de soupçon pour des hommes aussi ombrageux que le sont les gens de couleur. Les offres les plus brillantes ne pouvaient éblouir des chefs qui, depuis la dernière expédition dont ils ont gardé le souvenir, jouissent d'un pouvoir qu'ils regardent comme inébranlable.

Qu'allait-on offrir, et qu'a-t-on offert à ces hommes, pour avoir la garantie de leur soumission au gouvernement légitime ?

Des grades et des honneurs ! ils n'ont rien à désirer à cet égard, ils se sont partagés les rôles, et sont satisfaits de leur sort.

Des richesses ! ils jouissent des revenus des

habitations dont ils se sont rendus propriétaires, et quelqu'en soit la médiocrité, ils suffisent à leurs besoins.

Leur a-t-on proposé de reconnaître leurs droits politiques et la liberté ? ils ont dû répondre : Nous sommes en possession de ces avantages, nous les avons conquis et nous saurons les conserver. Vos promesses sont fallacieuses, vos propositions cachent une arrière-pensée ; car si elles étaient sincères, vous auriez alors deux régimes différens dans vos colonies : vous reconnaîtriez la liberté à Saint-Domingue, tandis que l'esclavage existe à la Martinique.

On connaît assez le caractère des hommes de couleur pour croire que telle a dû être leur réponse ; ce qu'il y a de certain, c'est qu'ils ont déclaré qu'ils n'écouteraient aucune proposition qu'au préalable on n'ait reconnu leur indépendance, consentant à ce prix de recevoir dans leurs ports le pavillon français, et même de faire avec la France un traité de commerce avantageux. Les commissaires n'étant point autorisés à une pareille négociation, sont revenus avec le regret de n'avoir pu rien obtenir de ces hommes, qui veulent traiter de puissance à puissance.

Il est donc bien constant que la voie de la conciliation n'ayant pas eu le succès dont on s'était flatté, elle ne peut plus être renouvelée sans compromettre la dignité du gouvernement, et parce que ce serait d'ailleurs une démarche inutile. Ainsi, quelles mesures adoptera-t-on à l'égard de Saint-Domingue ? car il faut prendre un parti, et il y a urgence de s'en occuper, si l'on veut prouver à la France que l'intérêt de son commerce et de ses manufactures n'est point exclu des calculs de la saine politique.

Une opinion assez généralement répandue, repousse toute tentative à force armée contre cette colonie, et se prononce pour un traité au moyen duquel on obtiendrait une indemnité annuelle en faveur des propriétaires dépossessionnés.

Cette opinion est aussi celle de M. Rouzaud, que je crois avoir reconnu comme l'envoyé secret du chef de la république haïtienne. Il l'a développée dans sa brochure, où il dit que la France n'a rien de mieux à faire que de proclamer le licenciement général de ses colonies, de les dégager de leur serment d'allégeance envers la métropole, les déclarer libres et indépendantes, et faire immédiatement avec chacune d'elles un traité de commerce et d'amitié.

M. Rouzaud assure que ce système serait reçu par elles avec reconnaissance, qu'il serait appuyé, d'une part, de l'Amérique méridionale, dont l'émancipation ne lui paraît plus douteuse, de l'autre, par Saint-Domingue, et par les Etats-Unis qui doivent à la France leur prospérité actuelle. Il ajoute que la république d'Haïti, une fois certaine des franches intentions du roi, serait sans aucun motif d'ombrage et d'inquiétude, par le fait de ces mesures, qui deviendraient une garantie de son état politique et de ses institutions.

Ces données sont spécieuses, et ce qui prouve qu'elles tiennent à des combinaisons intéressées, c'est que l'auteur insinue que par ce moyen, « la république haïtienne trouverait dans la » France les ressources nécessaires pour ré- » duire promptement son féroce antagoniste, » et appeler au bénéfice de ses institutions cette » masse noire, comprimée et gémissante sous » la verge cruelle de son chef, qui n'*a de* » *l'humanité que la face* (1). » Pour mieux faire valoir son système d'émancipation générale, *dont le renouvellement de l'abolition de*

(1) C'est de Christophe qu'il s'agit ; ce sont les craintes qu'il inspire à la république haïtienne, qui font tenir ce langage.

la traite et de l'esclavage serait la conséquence nécessaire et la condition expresse et immédiate, M. Rouzaud garantit que la France, *quelle que dût être la réduction de la culture dans les colonies émancipées par l'effet de ces mesures, rattrapperait, par ses rapports directs et privilégiés, ce qu'elle a perdu, peut-être au-delà, et sans surcharges; multiplierait sa navigation, procurerait une grande activité à son industrie nationale; qu'elle cesserait d'être tributaire de l'étranger, et particulièrement de l'Angleterre, pour les matières premières; enfin, qu'elle pourrait devenir le marché de l'Europe.*

Ces avantages sont très-séduisans, j'en conviens; si je les considère seulement sous le rapport de l'indemnité annuelle à obtenir en faveur des propriétaires dépossessionnés, ils seraient déterminans pour mon compte personnel, et fatigué, comme je le suis, de la révolution et des révolutionnaires, j'accepterais volontiers une rente qui me dédommagerait des outrages et des persécutions que j'ai éprouvés, qui suppléerait la perte d'une place obtenue depuis la rentrée du roi, et dont j'ai été dépouillé sans motifs au nom du roi. Il me conviendrait fort d'avoir l'assurance d'une indemnité au moyen de laquelle je pourrais me passer d'emplois, des hommes qui les distribuent et qui les ôtent au gré de leurs caprices Mais j'ai de vieux principes, et dussai-je être traité d'*immobile*, je ne crois point à ces avantages trompeurs, parce qu'avant tout il faut voir l'intérêt général et non l'intérêt particulier.

Le système de M. Rouzaud est à peu près celui que M. Turgot a publié en avril 1776, dans un Mémoire sur les suites de l'indépendance américaine. En parlant du danger que pouvaient courir nos colonies, au cas d'une invasion, et des motifs qu'il y avait alors de la craindre, M. Turgot a fait cette observation: *La morale de l'Angleterre, en politique, n'est pas faite pour nous rassurer.* (A cette époque il ne prévoyait pas l'insurrection qui a éclaté quinze ans après à Saint-Domingue, et dont les causes ont été plus perfides que celles qui précèdent une invasion). En sa qualité d'économiste, M. Turgot envisageait nos rapports avec les colonies plus onéreux que profitables; en conséquence il était d'avis qu'en leur donnant la liberté de faire le commerce avec toutes les nations, la France serait entièrement dédommagée du sacrifice qu'elle ferait de l'exclusif de ses îles, par l'avantage du commerce avec le continent septentrional. Sans chercher à approfondir la question de savoir si, à l'époque de 1776, les colonies étaient ou non onéreuses pour la France, je ne vois dans le Mémoire de M. Turgot qu'un esprit de système dont l'application aurait néanmoins sauvé Saint-Domingue, si on l'eût faite en 1788, lorsqu'on ne pouvait mettre en doute les immenses avantages que la France en retirait. Alors, la colonie était française, alors la métropole avait pour ses relations commerciales exclusives une garantie certaine dans les rapports de goût, d'amitié et d'intérêt, qui lient les peuples d'une même origine. Il n'eût point été question d'une indépendance absolue, et d'ailleurs impossible, comme j'aurai bientôt occasion de le démontrer ; il n'eût fallu qu'une reconnaissance d'un droit légitime et tout à-la-fois politique, du droit aux colonies de statuer sur leur régime intérieur.

Voilà ce que voulaient les propriétaires de Saint-Domingue, les plus intéressés au repos de leur pays, et ce qu'ils considéraient comme lié à la prospérité de la France. Une secte ennemie les a traversés, on les accuse encore aujourd'hui d'avoir été les auteurs des troubles et des insurrections dont ils sont les victimes, mais ces accusateurs mentent à leur conscience puisqu'ils se font les apologistes du projet de licenciement général proposé par un envoyé de la république d'Haïti (1).

Est-ce parce que le mal est fait qu'il faut avoir recours à ce remède ? et doit-il être employé sur la foi de ces docteurs qui prêchent sans cesse les *intérêts moraux de la révolution ?* Ont-ils jamais distingué les tempéramens, les constitutions physiques et morales? Ici, sans égard au climat, aux mœurs, aux habitudes, ils prétendent tout soumettre à leur niveau ; l'expérience n'est rien pour eux, ils sont incorrigibles. Il faut donc démontrer que le licenciement général aurait non-seulement un effet contraire, mais qu'il serait encore irrévocablement funeste pour la France, si le gouvernement l'adoptait. Il y a plus : je regarde la proposition comme un piège, attendu que, soit le chef de la république haïtienne, soit le prétendu roi d'Haïti, sont tellement dépendans de la population qu'ils gouvernent, qu'il n'est pas en leur

(1) Il est à remarquer que les hommes qui prêchent aujourd'hui l'indépendance de Saint-Domingue ont, pour la plupart, coopéré aux désastres de cette colonie. Ils embrassent, par amour-propre, un système qu'ils ont autrefois supposé aux grands planteurs, pour le plus grand triomphe de leurs principes révolutionnaires.

pouvoir de faire un traité de cette nature. La moindre délibération sur un pareil sujet mettrait leur autorité en péril, et la méfiance de leurs subordonnés deviendrait à l'instant même très-dangereuse pour eux.

Les élémens qui composent la population actuelle de Saint-Domingue se divisent en deux classes. La première, qui est la plus nombreuse, comprend ces hordes africaines, dont l'état d'incivilisation était autrefois mitigé par la douceur de la servitude; vingt-huit années de troubles, d'insurrections et de licence, n'ont pu que la faire rétrograder vers la barbarie.

La seconde comprend les hommes de couleur descendans d'Africains, qui, beaucoup moins nombreux, sont forcés, pour maintenir l'équilibre, d'employer des nègres, leurs ennemis naturels.

Je ne parle pas des blancs dont la résidence est tolérée dans le pays; on les compte facilement.

Là, c'est le gouvernement despotique du farouche Christophe.

Ici, c'est une administration anarchi-démocratique, sous la présidence de Boyer, successeur de Péthion.

Là, comme ici, les chefs sont, par la nature

des choses, dans la dépendance de leurs gouvernés ou administrés.

Par-tout les bandes africaines n'obéissent qu'à un pouvoir magique sans cesse menacé de révolte.

Les villes principales, ravagées par les incendies, présentent toujours l'image de la destruction ; quelques mauvaises cabanes remplacent les maisons qui les ornaient. Les plaines, autrefois si riches de cultures, sont maintenant couvertes de halliers, de bois qui couvrent les anciennes plantations ; à peine l'œil y découvre les débris des bâtimens, moulins et usines qui servaient à leur exploitation! Les routes, magnifiquement percées pour la communication des quartiers, ont disparu ; on ne voyage que par des sentiers pratiqués en forme de labyrinthes. Tel est l'état actuel de cette colonie, qui sera dans peu le tombeau des hommes de couleur. D'un côté, Christophe a dirigé ses troupes contre la république haïtienne ; elles ont envahi les montagnes qui couronnent le Port-au-Prince, et Boyer, le chef de cette république, se trouve dans un danger imminent ; d'un autre côté, le nègre Goman a levé l'étendard de la révolte dans la partie du Sud, et désole les quartiers qu'il occupe. Sa position favorise Christophe et rend celle de Boyer d'autant plus embarrassante, qu'il se trouve placé entre deux ennemis féroces; enfin, l'irruption des masses du prétendu roi d'Haïti n'est point accidentelle, c'est l'effet d'un plan qui doit recevoir tôt ou tard son exécution, les hommes de couleur succomberont sous les efforts réitérés des Africains, qui font aujourd'hui de Saint-Domingue une nouvelle Guinée; ils en ont le pressentiment, et voilà ce qui explique la proposition de traiter de l'indépendance de la république haïtienne avec des chefs qui éprouvent le besoin d'une protection qu'ils paieraient bientôt d'ingratitude.

Quelle que soit donc l'issue de cette nouvelle guerre, elle n'aura pas moins désolé les quartiers qui en auront été le théâtre; l'incendie aura dévoré le peu d'établissemens récréés *avec lenteur*, et les cultures auront disparu avec les cultivateurs.

Ceux-ci vont grossir les bandes de Christophe, qui ne pourra plus les contenir, parce qu'ils préféreront se former en tribus, donner à chacune un chef de leur nation, et vivre errans dans les montagnes, comme dans les déserts de l'Afrique.

Telle sera la fin de Saint-Domingue, si l'on ne se hâte de prendre un parti qui préserve les autres colonies dans l'archipel mexicain, et qui, dans tous les cas, ne doit pas être celui de l'indépendance de la république haïtienne, comme le conseillent M. Rouzaud et consorts.

Pour dernière observation sur la partie de sa brochure qui traite de la paresse naturelle des nègres, et qui persiste néanmoins dans le licenciement général, je demanderai si ces élémens de population offrent une garantie d'un pareil traité? Certes, des Africains accoutumés à la destruction et à tous les désordres, ne seront jamais disposés à des relations de commerce et d'amitié! Et, d'ailleurs, où est pour eux l'intérêt de cette reconnaissance? Ils n'ont pas les goûts des Européens, leurs habitudes, ni leurs besoins! Ils n'éprouvent qu'un sentiment, celui de la licence dans un pays où ils peuvent exister sans travail.

A l'égard des hommes de couleur, il y a, j'en conviens, des motifs qui les portent à se rapprocher des blancs, sans eux ils n'existeraient pas. Mais comme ils participent du sang africain, et comme, à quelques exceptions près, ils ont les inclinations de cette caste, il est prudent de se méfier de leurs propositions, sur-tout si l'on considère la circonstance qui porte à une pareille insinuation. Il en est sans doute de très-estimables, et mon intention n'est pas d'offenser la masse de leur population, je veux seulement faire connaître que, soutenus par des élémens révolutionnaires, imprégnés de ce virus qu'ils ont communiqué aux nègres, il n'est pas en leur pouvoir de garantir l'exécution du projet insidieusement proposé pour leur indépendance.

Il y a plus : l'auteur de la proposition, en annonçant que cette indépendance avait été secrètement reconnue par l'Angleterre, ne s'est pas aperçu qu'il tombait en contradiction avec lui-même, en conseillant au gouvernement français de traiter de son côté avec la république d'Haïti. Comment n'a-t-il pas réfléchi qu'il plaçait la France dans une fausse position, et qu'un pareil arrangement deviendrait le signal de nouvelles hostilités ?

En adoptant une pareille mesure, la France éprouverait bientôt le regret d'un traité qui compromettrait évidemment les intérêts du commerce anglais.

Que si l'on étendait cette mesure aux autres colonies qui nous restent, est-il certain qu'elles jouiraient sans commotions et sans troubles de ce nouvel ordre de choses? Cela n'eût pas fait de question avant la révolution de Saint-Domingue, mais les tems ont changé, les circonstances ne sont plus les mêmes, l'exemple est donné, et ce serait compromettre l'existence des autres colonies que de les abandonner à elles-mêmes dans le moment où elles ont le plus besoin de protection contre la contagion dont Saint-Domingue menace toutes les Antilles.

Il est donc incontestable que cette mesure profiterait aux classes les plus nombreuses, qui sont les Africains ; et dès l'instant que ces contrées ne seront plus administrées par des blancs, la France n'aura plus de colonies. Elles seront à la merci des nègres, qui ne sont pas, quoi qu'on dise, de véritables Français, puisqu'ils n'ont pas même vu la France. Déjà, et à plusieurs reprises, des mouvemens insurrectionnels s'y sont manifestés, le lienciement général y produirait la révolte et tout concourrait à leur faire éprouver le sort de Saint-Domingue.

Mais l'opinion n'est pas uniforme sur le régime à appliquer à nos colonies, et cela n'est pas étonnant; les uns en parlent selon leurs vues d'intérêt personnel, les autres, animés, j'en suis convaincu, par des sentimens louables en eux-mêmes, désirent qu'on leur applique les bienfaits de notre constitution. C'est, en vérité, de part et d'autre pousser trop loin la sollicitude pour ces contrées ; l'esprit de système leur a été si funeste, que ce serait conscience d'y renoncer. N'avons-nous pas la charte, qui porte textuellement que les colonies seront régies par des lois particulières? Comment se fait-il que des hommes dont le devoir est d'empêcher qu'on ne s'en écarte, de rappeler sans cesse à son exécution, soient les premiers à en demander la violation ? Et si cet article de la charte n'existait pas pour les colonies, n'avons-nous pas l'expérience de l'instabilité des mesures législatives qui ont achevé à Saint-Domingue le bouleversement préparé par la secte dont j'ai fait connaître les travaux ?

Il n'y a qu'un moyen de préserver nos colonies encore paisibles, c'est de commencer par Saint-Domingue, où, je le répète, les nègres vont devenir ce qu'ils étaient en Afrique. Si donc l'on ne se hâte d'aller les délivrer de leurs propres fureurs, ce pays autrefois si florissant, si hospitalier, n'offrira bientôt plus que le tableau hideux des coutumes barbares de la Guinée.

Les derniers événemens donnent la mesure de ceux qui doivent les suivre, c'est une guerre à mort entre les noirs et les mulâtres. Avec le tems, les premiers triompheront et alors Saint-Domingue, sans culture, n'offrira plus de ressources au commerce. Il ne faut pas se faire illusion sur celui qui a existé jusqu'à présent, puisque, de l'aveu même des apologistes de la république haïtienne, il est réduit à des exportations de peu de valeur. Le débordement des bandes de Christophe, et l'indépendance hostile de Goman, sont des fléaux pour tous les quartiers de la colonie qui se trouvent ou abandonnés ou ravagés. Il n'y a donc pas de tems à perdre, il n'y a point à balancer entre cet état affreux et la perspective de récupérer insensiblement les avantages que réclame l'industrie française. Toutefois, il n'entre pas dans ma pensée que, pour ramener ces hommes à l'état de dépendance qu'exige leur propre sûreté, il faille leur opposer aucun moyen de destruction. Ces moyens ne sont pas dans l'intérêt de la métropole ; en témoignant le désir de recouvrer leurs propriétés, les colons n'oublient pas qu'ils ont une patrie, et c'est aussi de sa prospérité qu'ils voudraient qu'on s'occupât.

Le plus grand obstacle mis en avant est l'impossibilité de réduire et de ramener à la soumission ces masses d'hommes accoutumés depuis long-tems à la liberté. Hélas ! on se trompe bien étrangement : la liberté n'est pas comprise par eux, ils la confondent avec la licence, et l'excès de leurs maux les a pénétrés de la nécessité du retour des blancs. Ils soupirent après leurs anciens maîtres, tandis que ceux-ci, toujours accablés de préventions, gémissent dans l'infortune la plus cruelle.

Opposera-t-on sans cesse la nécessité des circonstances à l'empire desquelles il faut se soumettre ? Ce faux-fuyant est commode pour ceux qui veulent distraire l'attention sur l'avantage de la possession de Saint-Domingue, qui ne considèrent la France que sous le rapport agricole, sans jeter les yeux sur sa position topographique, sur l'étendue de ses côtes, sur l'industrie de ses habitans.

Consultez les principaux négocians des villes maritimes, consultez les colons propriétaires qui ont survécu à leurs malheurs ; jusqu'à présent ils ont été écartés, et les questions les plus importantes pour eux ont été résolues par ceux que domine l'esprit de parti ou qui sont guidés par un intérêt particulier. N'abjurera-t-on jamais ces préventions contre les colons, et peut-on croire qu'ils ne sont pas disposés à des sacrifices, à des concessions que le tems a rendus nécessaires ? Par quelle fatalité, les ennemis de tout système colonial, et, par conséquent, de la prospérité de la France, sont-ils exclusivement entendus sur des matières aussi importantes ? J'ignore quelles sont les intentions du gouvernement à l'égard de Saint-Domingue. S'il faut s'en rapporter aux bruits qui circulent, il paraîtrait disposé à traiter avec le chef de la république d'Haïti; on assure même que des envoyés de cette république ont eu déjà des communications à ce sujet. Le malheur m'a rendu défiant, et je n'ajoute pas foi à cette nouvelle, quoiqu'il y aurait peut-être quelque raison d'y croire. Je sais qu'en principes le gouvernement a le droit de faire tous traités, toutes conventions qu'il juge nécessaires à la sûreté de l'Etat, au bonheur de ses sujets, mais je suis convaincu qu'un traité qui ratifierait l'indépendance d'Haïti serait plus nuisible qu'avantageux. J'ai fait connaître dans le cours de cet ouvrage l'impossibilité d'obtenir aucune garantie de la part de ces chefs étrangers à la France; j'ai tracé leur caractère, leur position, il me semble d'après cela que la dignité du gouvernement serait essentiellement compromise, si sur la foi de certains hommes intéressés ou salariés, un traité de cette nature recevait son exécution. Il perdrait, d'ailleurs, nos autres colonies, et compromettrait également les intérêts du commerce français.

Cependant, cette nouvelle prend de la consistance, à cause de la stipulation des indemnités à accorder aux propriétaires dépossessionnés.

Un vingtième payable en vingt années! De quelle époque partira-t-on pour fixer l'évaluation ? Est-ce à dater de la signature du traité ? ce serait une dérision puisqu'on sait que dans les colonies les terres n'ont de valeur que par les bras ! Au surplus, une pareille transaction ne peut se faire sans l'intervention et le consentement des propriétaires ; tel est le droit commun que le gouvernement n'intervertira point en faveur des indépendans révoltés que l'état de Saint-Domingue rend incapables de donner aucune sûreté.

Espérons donc que toutes propositions contraires aux vrais intérêts de la France seront écartées ; espérons que des hommes d'état, dépouillés de tout intérêt personnel, et mus par une noble ambition, feront adopter des mesures propres à concilier tous les partis ; c'est ainsi qu'ils répondront au vœu que toutes les villes de commerce maritime ont récemment exprimés relativement à la reprise de possession de Saint-Domingue.

Je ne dissimule point quelques difficultés, mais je pense qu'on les a toujours beaucoup exagérées. Je n'ai pas non plus la prétention de vouloir indiquer au gouvernement les moyens qu'il doit employer, je dis qu'il est nécessaire et urgent de faire rentrer Saint-Domingue sous la domination française. Cependant j'épuiserai toutes mes données sur cette colonie, et je compléterai mes observations par l'expression du désir de les avoir rendues palpables pour tout homme d'état.

On a écouté des hommes sages qui ont conseillé une mission préparatoire ; on sait maintenant à quoi s'en tenir. Christophe, ce prétendu roi d'Haïti, n'offrait pas même la garantie de l'existence aux conciliateurs ; ils n'ont pas dû lui porter des paroles de paix. Admis par le chef de la république haïtienne, ils n'ont pu faire entendre le langage de la persuasion à ces hommes de couleur représentés pourtant comme de vrais Français et doués du sentiment naturel de la paternité et de l'amour filial. On ne peut plus recourir à de pareils moyens.

Mais sont-ils donc Français ceux qui refusent de reconnaître leur souverain légitime, de se soumettre aux lois de la commune patrie? Non, les hommes de couleur, en faisant proposer aujourd'hui de reconnaître leur indépendance, ne sont pas de bonne foi, ils ont une arrière-pensée : ils avaient prévu l'irruption qui les presse de tous côtés, ils savent que tôt ou tard ils succomberont sous le poids des masses dirigées *par le féroce Christophe, qui n'a de l'humanité que la face*, et c'est le motif qui les ferait consentir à un traité avec la France, pour avoir une auxiliaire dont ils se débarrasseraient après l'avoir fait servir à leur triomphe.

Si les hommes de couleur étaient vraiment pénétrés de l'amour de la patrie qu'ils font invoquer ; ils ne persisteraient pas dans leur indépendance. Confians dans la bonté paternelle du Roi, dans la sincérité des blancs éprouvés par trente ans d'infortunes, et dépouillés de préjugés, ils se soumettraient au gouvernement sans conditions. Leur persévérance, au contraire, atteste leur rébellion, leur ingratitude, elle attirera un jour sur eux le châtiment réservé aux parricides.

Il y a donc pour la France cette alternative si bien démontrée par M. le comte de Bruges, dans la vingt-troisième livraison du *Conservateur*.

« Ou le gouvernement africain avec les conséquences qui, inhérentes à la race noire, le rendront le fléau de toute les nations, ou l'établissement d'un ordre assez fort pour protéger les blancs et forcer les nègres au travail. »

Cette opinion d'un homme sage et profondément instruit n'a pas moins été controversée par les partisans de ces doctrines qui bouleversent tous les Etats. La passion qui les dirige leur a fait supposer, quoique M. le comte de Bruges se soit clairement expliqué, « qu'il voulait rétablir l'ancien système de l'esclavage, » le rendre même plus sévère, afin de mieux » asseoir la domination des blancs. »

Voilà ce qu'ils prêtent à l'auteur de l'article lumineux sur l'état actuel des Antilles, et sur le sort qui leur est réservé. Ils se sont bien gardés de citer les passages de cet article fait pour rassurer les Africains. Cette citation leur aurait donné la peine de les commenter, et d'étendre leur controverse afin de mieux tromper la bonne foi des lecteurs.

Quoi qu'il en soit, comme la raison survit toujours à l'erreur et aux passions, on doit demeurer convaincu que le gouvernement, guidé par ce premier motif, adoptera le parti que réclame l'intérêt de la France entière.

Si le commerce, les manufactures et la navigation sont reconnus pour être les sources les plus constantes de la prospérité des nations qui savent les cultiver, si ces premiers élémens des sociétés renferment les germes inépuisables de l'industrie française, qui, plus que la France et le génie français, peuvent et doivent prétendre à cette première prospérité qu'ils ont déjà su en tirer?

On ne peut donc aujourd'hui disconvenir de ces deux propositions:

La première, que la prospérité intérieure de tout grand Etat dépend de la mise en action de toutes les richesses de son sol, par les ressorts les plus multipliés de l'industrie de ses habitans.

La seconde, que le déploiement de ses forces physiques se trouve subordonné au meilleur emploi de ses moyens moraux, pour la science du commerce, qui a créé tous les arts relatifs aux manufactures et à la navigation; et que parmi les premières, les colonies à sucre, dans nos tems modernes, tiennent le premier rang; ainsi, nul doute que pour ramener ces établissemens d'une si haute importance et d'une influence si directe sur la prospérité future de tout le royaume, au point de splendeur où ils étaient parvenus à Saint-Domingue, il ne faille employer les moyens de reconquérir cette colonie en adoptant un système approprié au bonheur de toutes les classes.

Quelle est donc la nécessité d'aller créer des

colonies sur les côtes d'Afrique sous la ligne; tandis que nous avons à Saint-Domingue, par les 18 degrés de latitude septentrionale, des positions que nous pouvons rendre, à peu de frais, inexpugnables, lorsqu'il est certain que nous verrons une foule de mécontens, fatigués du despotisme de leurs nouveaux maîtres, venir se ranger sous la bannière d'un gouvernement protecteur de leur existence.

Au surplus, considérons cette colonie comme si elle n'avait jamais appartenu à la France; supposons qu'elle lui est cédée en échange d'autres possessions, ne serait-il pas de l'intérêt du gouvernement de s'en emparer, plutôt que d'essayer de nouveaux établissemens au Sénégal, où les avantages que l'on s'en promet ne peuvent compenser les ressources que produira Saint-Domingue, même dans l'état de dépérissement où il se trouve?

Je n'étendrai pas plus loin mes observations; il serait inconvenant de donner de la publicité à un projet d'expédition, quel qu'il soit; je ne fais qu'indiquer ce qui est utile et possible. Le gouvernement doit protection aux colons, depuis si long-tems malheureux. Elle n'est point suppléée par cette aumône, improprement qualifiée secours ; et l'alternative est trop cruelle pour qu'ils ne demandent point à être fixés sur leur sort. C'est à l'homme d'état placé près du trône à s'entourer des lumières de ceux dont l'expérience peut éclairer ; c'est à lui qu'appartiennent les moyens d'exécution.

FIN.

Histoire de la Convention nationale de France, accompagnée d'un Coup-d'œil sur les Assemblées constituante et législative, et de Notices historiques sur les personnages les plus remarquables qui ont figuré à cette époque de la révolution française. Par R. J. Durdent, auteur de *l'Histoire de Louis XVI*. Deux vol. in-12. Prix . . . . 5 fr.

Histoire de l'Ambassade dans le grand-duché de Varsovie en 1812; par M. de Pradt, archevêque de Malines, alors ambassadeur à Varsovie. Huitième édition, revue et corrigée. Prix . . . . 4 fr. 50 c.

Histoire de Louis XVI, roi de France et de Navarre. Dédiée aux jeunes Français. Par R. J. Durdent. Un vol. in-8°, avec un *fac simile*. Prix . . . . 6 fr.

Jeanne d'Arc, ou Coup-d'œil sur les révolutions de France, au tems de Charles VI et de Charles VII, et sur-tout de la pucelle d'Orléans; par M. Berriat-Saint-Prix. Avec un itinéraire exact des expéditions de Jeanne d'Arc, son portrait, deux cartes du théâtre de la guerre, plusieurs pièces justificatives, et des documens inédits qui jettent un grand jour sur l'histoire de cette célèbre héroïne. Un vol. in-8°. Prix 6 fr.

Le Guide des Epoux et des Epouses, ou des Moyens d'être heureux en mariage dans toutes les classes de la société; où l'on indique les causes qui produisent les mauvaises unions, amènent et entretiennent la discorde, le trouble et le désordre dans les ménages; où l'on présente en même tems les moyens de bien assortir les époux et les épouses; de les rendre fidèles; de les préserver et guérir de la jalousie, etc., et de les faire jouir de la paix et du bonheur dans le mariage. Ouvrage utile, non-seulement aux personnes nouvellement et anciennement mariées, mais encore aux veufs, veuves, et à tous les jeunes gens d'âge à contracter le mariage. Par M. Léopold, ancien avocat. Un vol. in-12. Prix. 1 fr. 50 c.

Mémoires Secrets et Correspondance inédite du cardinal Dubois, premier Ministre sous la régence du duc d'Orléans, recueillis, mis en ordre, et augmentés d'un précis de la paix d'Utrecht, et de diverses notices historiques, par M. L. de Sevelinges. Deux vol. in-8°, papier fin. . . . . 12 fr.
Papier vélin. . . . . 20 fr.

Œuvres complètes de J. La Fontaine; précédées d'une nouvelle notice sur sa vie, avec les notes les plus remarquables des commentateurs, et quelques observations nouvelles. Edition plus complète que toutes celles qui ont paru jusqu'à ce jour. Deux volumes in-8°, ornés de gravures, d'un portrait de La Fontaine, d'un *fac simile* de son écriture, et d'une vignette représentant la maison du célèbre fabuliste, à Château-Thierry, telle qu'elle existait encore en 1814. Prixpapie fin.fr. 15 fr.
Papier vélin . . . . 30 fr.

Vie privée des Français, depuis l'origine de la nation jusqu'à nos jours; par Legrand-d'Aussy. Nouvelle édition, avec des notes, corrections et additions; par J. B. B. de Roquefort. Trois vol. in-8°. Prix 16 francs.

Mémoires pour servir à l'histoire de la révolution de Saint-Domingue; par M. le lieutenant-général Pamphile de Lacroix. Deux vol. in-8°, ornés d'une carte générale de l'île et d'un plan de la Crête-à-Pierrot. Prix 15 fr. pour Paris et 18 fr. franc de port.

Le Manuel-guide des contribuables de la régie des impositions indirectes, ou Recueil des lois, décrets, ordonnances, décisions et réglemens relatifs à ladite régie depuis sa création jusqu'au 30 juin 1818; avec les tarifs des droits de circulation, d'entrée, de vente en détail, du droit général de consommation; les modèles de registres, et instructions nécessaires à chaque classe de contribuables. Par M. Jaccaz, ex-commis à cheval. Un volume in-8° de plus de 800 pages, imprimé en caractère petit-romain. Prix, 7 fr. 50 c. pour Paris, et 10 fr. par la poste.

Vie du maréchal Ney, duc d'Elchingen, prince de la Moskowa; comprenant le récit de toutes ses campagnes en Suisse, en Autriche, en Prusse, en Espagne, en Portugal, en Russie, *etc.*; sa vie privée, l'histoire de son procès, et un grand nombre d'anecdotes inédites; suivie de pièces justificatives, ornée du portrait du maréchal et d'un *fac simile* de son écriture. Seconde édition. Un fort vol. in-8°. Prix. 6 francs.

Manuel de la liberté de la presse, ou Analyse des discussions législatives sur les trois lois relatives à la presse et aux journaux et écrits périodiques; précédé d'un discours préliminaire contenant un Essai historique sur l'état de la presse en France avant les lois actuelles, avec le texte des lois, ordonnances et réglemens qui forment le code complet de la presse, de l'imprimerie et de la librairie. Dédié à M. le garde-des-sceaux. Ouvrage indispensable aux magistrats, jurés, avocats, et à tous les officiers de police judiciaire. Un fort volume in-12. Prix, 3 fr. pour Paris et 5 fr. 75 c. par la poste.

Carnet d'un Voyageur, ou Recueil de notes curieuses sur la vie, les occupations, les habitudes de Buonaparte à Longwood; sur les principaux habitans de Sainte-Hélène, la description pittoresque de cette île, etc.; prise sur les lieux dans les derniers mois de 1818. Avec trois vues coloriées de l'ancienne et de la nouvelle maison de Buonaparte, dessinées d'après nature. Un vol. in-8°. Prix 3 fr. 75 c. pour Paris, et 4 fr. 25 c. par la poste.

Le Bonhomme, ou Observations sur les Mœurs et usages parisiens, par M. de Rougemont, Suite du Rôdeur. Un vol. in-12, orné de deux jolies gravures et de vignettes exécutées par les premiers artistes. Prix, 3 fr. 75 c., et 4 fr. 50 c. par la poste. Le même, un volume in-8°, prix 6 fr. et 7 fr. 50 c. Idem, papier vélin 12 fr.

Description générale de la Chine, rédigée d'après les mémoires de la mission de Pékin. Ouvrage qui contient : 1° la description topographique des quinze provinces qui composent cet Empire, celle de la Tartarie, des îles et des divers états tributaires qui en dépendent ; le nombre de ses villes, le tableau de sa population, et les trois règnes de son histoire naturelle, rassemblés et donnés pour la première fois avec quelque étendue ; 2° l'exposé de toutes les connaissances acquises et parvenues jusqu'ici en Europe sur le gouvernement, la religion, les lois, les mœurs, les sciences et les arts des Chinois. Troisième édition, revue et considérablement augmentée. Par M. l'abbé Grosier, conservateur de la bibliothèque de MONSIEUR, frère du Roi, à l'Arsenal. Première et deuxième livraisons. Quatre volumes in-8°. Prix de chaque volume, pour les souscripteurs, 5 fr. pour Paris, et 6 fr. 50 c. par la poste. L'ouvrage formera sept volumes in-8°. La dernièr paraîtra en octobre 1819.

Histoire des révolutions de Norwège, suivie du tableau de l'état actuel de ce pays et de ses rapports avec la Suède ; par J. P. L. Catteau-Calleville, chev. de l'Etoile-Polaire, membre de l'académie des sciences et de l'académie des belles-lettres de Stockholm, etc. Auteur du Tableau de la mer Baltique, de l'Histoire de Christine, reine de Suède, etc. Deux vol. in-8° avec une carte. Prix 12 fr. pour Paris, et 15 fr. par la poste.

Histoire de l'esclavage en Afrique (pendant trente-quatre ans) de P. J. Dumont, natif de Paris, maintenant à l'hospice royal des Incurables ; rédigée sur ses propres déclarations, par J. S. Quesné. Un volume in-8° orné de deux portraits de Dumont, et d'un *fac simile* de son écriture. Prix, 3 fr.

www.ingramcontent.com/pod-product-compliance
Ingram Content Group UK Ltd.
Pitfield, Milton Keynes, MK11 3LW, UK
UKHW022023170726
13837UKWH00001B/370

9 782329 10099